PRACTICE
MAKES
PERFECT™

French
Vocabulary

PRACTICE
MAKES
PERFECT™

French Vocabulary

Second Edition

Eliane Kurbegov

New York   Chicago   San Francisco   Lisbon   London   Madrid   Mexico City
Milan   New Delhi   San Juan   Seoul   Singapore   Sydney   Toronto

ISBN   978-0-07-176242-7
MHID   0-07-176242-6

e-ISBN   978-0-07-176243-4
e-MHID   0-07-176243-4

Library of Congress Control Number 2011922813

Contents

Introduction vii

 Nouns

1 Life and living 3

2 People 11

3 Animals and nature 24

4 Places 40

5 Leisure 51

6 Shopping 59

7 Travel 74

8 Communication 86

9 Numbers, time, and measures 97

 Adjectives

10 Gender, number, and position of adjectives 109

11 Structural adjectives 113

12 People 118

13 Health and nutrition 132

14 Animals and nature 138

15 Styles, colors, and sensations 146

16 Home, school, work, and vacation 154

 Verbs

17 Thoughts and feelings 165

18 Communicating, relating, and interacting 170

19 Home living 177

20 Traveling 180

21 Science, health, and technology 183

22 Entertainment and leisure 189

 Adverbs

23 Adverbs of manner, time, place, and quantity 195

24 Adverbial structures 202

 Vocabulary for Technology

25 French in the twenty-first century 209

Answer key 223

Introduction

Practice Makes Perfect: French Vocabulary is designed as a review and enrichment tool for the advanced beginner and intermediate learner of French. The book is divided into four major parts (Nouns, Adjectives, Verbs, Adverbs) and twenty-four thematically organized units. Whether you are studying French in class, learning on your own, or reviewing, you can choose to follow the order of the units or study any of them independently from each other.

Learning another language requires dedication, time, and, above all, frequent practice. Using prior knowledge, making connections with your first language, and recognizing word families will enhance and facilitate the learning process. The vocabulary lists in this book are built to reinforce and facilitate the use of those techniques and make learning both interesting and easy. The accompanying examples provide as much context as possible for you to understand the meaning of the vocabulary as well as how they are used in sentences. Special notes alert you to words with multiple meanings such as **la fille**, which can mean *daughter* as well as *girl*. The book includes brief reviews of genders of nouns and corresponding articles, agreement of adjectives, and formation of adverbs. Structures such as comparative adverbial phrases are explained and illustrated.

More than a hundred exercises provide ample practice of the material. The exercises have French titles that allow you to anticipate the task. The exercises are varied enough to accommodate various learning styles and levels of ability. Some exercises merely test your memory and recognition. Others require you to show understanding of complex sentences and the ability to use context to derive meaning.

Enjoy the journey and **Bonne chance**!

French
Vocabulary

Nouns

Life and living

In this unit you will learn many nouns concerning everyday life from daily activities to common health issues. Since French nouns (for people as well as things) can be either masculine or feminine in gender and singular or plural in number, it is necessary to know a few generalities about the gender and number of nouns and the appropriate articles that precede them.

Le genre et le nombre des noms (Gender and number of nouns)

As there is no logical explanation for the gender of objects or things, they simply have to be memorized as being masculine or feminine. Nouns that describe people, however, generally match the person's gender. People of the male sex are masculine. The singular masculine noun is preceded by a masculine article such as **le**, **un**, and **ce**.

le/un/ce facteur	*the/a/this mail carrier*

People of the female sex are feminine, except for those few professions that were traditionally male professions, such as **le professeur** (*the teacher, the professor*—male or female). However, this rule is often disregarded in contemporary French, and many people now say **la professeur** for a female teacher or professor. The singular feminine noun is preceded by a feminine article such as **la**, **une**, or **cette**.

la/une/cette dame	*the/a/this lady*

The definite article **le** or **la** preceding each noun in the vocabulary lists tell you whether that noun is masculine (m.) or feminine (f.). Since nouns beginning with vowel sounds are preceded by **l'** instead of **le** or **la**, the gender of such nouns is indicated in parentheses.

l'artiste (**m./f.**)	*the male or female artist*
l'homme (**m.**)	*the man*

Often the feminine counterpart of a noun simply requires adding **-e** or **-ne** to the masculine noun.

le marié	*the groom*
la marié**e**	*the bride*
le mécanicien	*the mechanic (male)*
la mécanicie**nne**	*the mechanic (female)*

3

Whenever the feminine counterpart of a noun differs from this pattern in a vocabulary list, the feminine form is also provided.

le conducteur	*the driver (male)*
la conductrice	*the driver (female)*

Most French nouns end in **-s** in the plural form (pl.) and are preceded by a plural article such as **les**, **des**, or **ces**.

les/des/ces facteurs	*the/some/these mail carriers*

Les étapes de la vie (The stages of life)

Every person's life evolves in unique but similar stages and is marked by notable moments. French people have a realistic attitude toward life, enjoying happy times (**les bons moments**) as well as being stoic in bad times (**les mauvais moments**).

l'adolescence (f.)	*adolescence*
l'âge de raison (m.)	*grown-up age*
l'âge mûr (m.)	*middle age*
le bas-âge	*infancy*
l'enfance	*childhood*
la jeunesse	*youth*
la maturité	*maturity*
la mort	*death*
la naissance	*birth*
le troisième âge	*senior, older age*

L'adolescence est souvent une période d'insécurité.	*Adolescence is often a period of insecurity.*
Une fois qu'on a soixante ans, on passe au troisième âge.	*Once you reach the age of sixty, you become a senior.*

La vie conjugale (Married life)

Although unmarried couples living together are not uncommon in France, marriage plays a significant role in the lives of many couples. A civil marriage is necessary and sufficient in the eyes of the law, but it is often accompanied by a religious ceremony.

l'anniversaire de mariage (m.)	*wedding anniversary*
le concubinage	*cohabitation*
le divorce	*divorce*
les fiançailles (f. pl.)	*engagement*
la grossesse	*pregnancy*
la lune de miel	*honeymoon*
les noces (d'argent, d'or, de diamant)	*(silver, gold, diamond) anniversary*
la publication des bans	*public announcement (of marriage)*
les rapports intimes (m. pl.)	*intimacy*
la rupture	*breakup*
la séparation	*separation*
le second mariage	*second marriage*
l'union civile (f.)	*civil union*

l'union libre (f.)	common-law union
les vœux de mariage (m. pl.)	marriage vows

Les fiançailles sont souvent suivies de la publication des bans.	The engagement is often followed by a public announcement of marriage.
Le mariage est un événement important dans la vie.	A wedding is a significant moment in life.
La séparation entre deux personnes mariées finit souvent en divorce.	The separation of two married people often ends in divorce.
Le concubinage n'est pas une union légale en France.	Common-law relationships are not legal unions in France.

EXERCICE
1·1

Les grands moments de la vie. **Important moments of life.** *Put the following life markers in chronological order from birth to death, using the letters **A** through **L**. Use the letter **A** for **birth** and end with the letter **L** for **death**.*

D 1. les fiançailles

L 2. la mort

I 3. le divorce

C 4. les rapports intimes

K 5. la grossesse

E 6. le mariage

F 7. la lune de miel

H 8. la séparation

J 9. le second mariage

B 10. la maturité

A 11. la naissance

G 12. les noces de diamant

De l'enfant à l'adulte (From child to adult)

French children and adolescents spend a lot of time with their families (**en famille**), sharing food and conversation with grown-ups. Kids are included when their parents host family or friends, and they are expected to socialize with people from various age groups.

l'adolescent (e)	adolescent
l'adulte (m./f.)	adult
le/la célibataire	bachelor
le couple	couple
la dame	lady
la demoiselle	young lady
l'enfant (m./f.)	child
l'époux (m.), l'épouse (f.)	spouse

la femme	wife, woman
le fiancé, la fiancée	fiancé(e)
le garçon	boy
l'homme (m.)	man
la jeune fille	young lady
le jeune homme	young man
le mari	husband
le marié	groom
le nouveau-né	newborn
les nouveaux-mariés (m. pl.)	newlyweds
le tout-petit, la toute-petite	toddler
le veuf	widower
la veuve	widow

Un bébé est adorable.	A baby is adorable.
La mariée était radieuse.	The bride was radiant.
Une fille peut être un garçon manqué.	A girl can be a tomboy.
Une fille de roi est une princesse.	A king's daughter is a princess.

The noun **fille** means both *daughter* and *girl*. Similarly the noun **femme** means both *wife* and *woman*. The double meaning of these words reflects the values of a society where the woman's role was to be a wife and the girl's role was to be a daughter.

Note the various translations for the nouns **monsieur** and **madame**.

C'est un monsieur très galant.	He is a gallant gentleman.
Je vous présente Monsieur Petit.	Meet Mr. Petit.
Je ne connais pas cette dame.	I do not know this lady.
Madame Jean est charmante.	Mrs. Jean is charming.
Bonjour, madame.	Hello, ma'am.

Also note the irregular plural forms of **monsieur**, **madame**, and **mademoiselle**.

messieurs	sirs, gentlemen
mesdames	ladies
mesdemoiselles	young ladies, misses

EXERCICE
1·2

Masculin ou féminin. Maculine or feminine. *For each noun given, find the noun of the opposite gender in the previous list and write it on the line provided.*

1. le veuf _la veuve_

2. la femme _l'homme_

3. le jeune homme _la jeune fille_

4. l'époux _l'épouse_

5. la fille _le fils_

6. le marié _la marié ?_

7. l'homme _la femme_

8. le célibataire _la célibataire_

9. l'adolescent _l'adolescent_
10. l'adulte (f.) _l'adulte_

***Comprends-tu?* Do you understand?** *Write **V** for **vrai** (true) or **F** for **faux** (false) next to each statement concerning people of various ages.*

_____ 1. A l'âge de deux mois, Marius est un adulte.

_____ 2. A l'âge de seize ans, Lise est une adolescente.

_____ 3. Louis n'est pas marié; il est célibataire.

_____ 4. Jeanine va à l'école élémentaire. Elle est mariée.

_____ 5. Louis est une fille.

_____ 6. Le tout-petit est fiancé.

_____ 7. Les époux forment un couple.

_____ 8. L'époux de la veuve est mort.

_____ 9. Le nouveau-né sait parler.

_____ 10. L'homme est une dame.

La routine journalière (Daily routine)

People perform certain activities every day. Some activities are good for personal hygiene and physical well-being. Other activities satisfy nutritional needs.

Je prends un bain ou une douche.	I take a bath or a shower.
On fait de l'exercice.	We exercise.
Nous faisons du jogging.	We go jogging.
Elles font la toilette.	They groom themselves.
Tu fais une marche.	You take a walk.
Il fait une promenade.	He takes a walk.
Vous faites du sport.	You play a sport.
Le déjeuner est à midi.	Lunch is at noon.
On a besoin d'un goûter.	We need a snack.
On finit le petit déjeuner.	We are finishing breakfast.

Some basic activities are necessary and give order to people's lives. **Il faut les faire.** (*We must do them.*) **Il faut...**

acheter les provisions (f. pl.)	*to buy groceries*
envoyer/répondre à des messages (m. pl.)	*to send/answer messages*
faire un coup de téléphone	*to make a telephone call*

faire les devoirs	*to do homework*
faire le dîner	*to make dinner*
faire le lavage	*to do the laundry*
faire le trajet	*to ride (bus, train)*
faire la vaisselle	*to do the dishes*
faire son travail	*to do one's work*
passer l'aspirateur (m.)	*to vacuum*
suivre des cours	*to take classes*

Il faut **mettre la table** avant de s'asseoir pour dîner.	*We have to set the table before sitting down to eat dinner.*
Il faut **faire le lit** avant de partir au travail.	*We have to make the bed before leaving for work.*
Il faut **faire le ménage** chaque semaine.	*We have to clean the house each week.*

EXERCICE 1·4

Ma journée. **My day.** Put the following daily acts in chronological order, using the letters **A** through **L**, to depict a usual day for a person who goes to class early.

_____ 1. prendre une douche

_____ 2. faire du jogging

_____ 3. faire le lavage

_____ 4. prendre le petit déjeuner

_____ 5. préparer le dîner

_____ 6. faire des coups de téléphone

_____ 7. suivre les cours

_____ 8. faire les devoirs

_____ 9. faire le ménage

_____ 10. vider les ordures

_____ 11. regarder la télévision

_____ 12. faire la toilette

La santé (Health)

In order to perform daily activities, people must stay *in shape* (**en forme**) and stay *healthy* (**en bonne santé**). Sometimes, however, life is interrupted by minor ailments. Note that many ailments are described using the expression **avoir mal à**. Remember to use a contraction (**au, aux**) before a masculine or plural noun.

J'ai mal au dos.	*My back hurts.*
Ils ont mal aux dents.	*They have a toothache.*
Elle a mal à la tête.	*She has a headache.*
Tu as eu mal au cœur?	*You had nausea?*

L'enfant a mal à la gorge.	The child has a sore throat.
Moi, j'ai mal au ventre.	I have a stomachache.
Nous avons eu une indigestion après avoir trop mangé.	We had indigestion after eating too much.
Il a un virus qui le rend très fiévreux.	He has a virus, which makes him very feverish.

Quelquefois j'ai...   *Sometimes I have . . .*

un abcès	an abcess
une allergie	an allergy
une angine	tonsillitis
un bleu	a bruise
une démangeaison	an itch
la diarrhée	diarrhea
une douleur	a pain
une entorse	a sprain
de la fatigue	fatigue
de la fièvre	a fever
une foulure	a slight sprain
une otite	an inner-ear infection
un refroidissement	a cold
un rhume	a cold
une toux	a cough
de l'urticaire (m.)	a rash

Une otite est douloureuse.	An inner-ear infection is painful.
Un virus intestinal donne la diarrhée.	An intestinal virus causes diarrhea.
Je suis allergique au lait.	I am allergic to milk.
C'est l'urticaire qui me donne une démangeaison.	It is this rash that gives me an itch.

Unfortunately, there also are more severe health predicaments in life.

Il est grave de souffrir d'...   *It is a serious matter when you suffer from . . .*

une bronchite	bronchitis
une chute	a fall
une fracture (de la main, du pied)	a fracture (of the hand, of the foot)
une grippe	the flu
une infection	an infection
une insomnie	insomnia
une maladie	a sickness
un manque de force	lack of strength
un os cassé	a broken bone
une pneumonie	pneumonia
un rhumatisme	rheumatism
une mauvaise santé	bad health
un trouble respiratoire	respiratory distress
un vertige	dizziness

La grippe aviaire est maintenant éradiquée.	Bird flu is now eradicated.
L'athlète a un os fracturé.	The athlete has a fractured bone.
J'ai le vertige sur un escalier roulant.	I get dizzy on an escalator.
J'ai peur de faire une chute.	I am afraid to fall.

Je suis malade! I am sick! *For each ailment on the left, write the letter(s) of its most likely symptom(s).*

———— 1. le rhume   a. le manque de force

———— 2. l'otite   b. le mal au dos

———— 3. le mal au ventre   c. l'urticaire

———— 4. la fatigue   d. le mal à la gorge

———— 5. le rhumatisme   e. la fièvre

———— 6. la bronchite   f. la douleur dans l'oreille

———— 7. la grippe   g. l'os cassé

———— 8. le vertige   h. le vomissement

———— 9. la fracture   i. le trouble respiratoire

———— 10. l'angine   j. la chute

———— 11. la démangeaison   k. la toux

———— 12. la pneumonie

People

In this unit you will learn some frequently used words and phrases concerning family, friends, relationships, human characteristics, and common occupations. You will learn to recognize, name, and describe significant affective moments in life and essential people such as family members, friends, and people performing distinct roles in the community.

La famille (Family)

In France the minimum age for getting married is fifteen for a woman and eighteen for a man. The average number of children per family is 1.86. Most young people are educated near their homes. They do not leave home when they go to college but often stay *home* (**à la maison**) until they get married. French family members therefore tend to remain in close contact.

la bru	*daughter-in-law*
le cousin, la cousine	*cousin*
le demi-frère	*half-brother*
la demi-sœur	*half-sister*
la famille	*relatives*
la femme	*wife*
la fille	*daughter*
le fils	*son*
le frère	*brother*
le gendre	*son-in-law*
le jumeau, la jumelle	*twin brother, sister*
la maman	*mom*
le mari	*husband*
la mère	*mother*
le neveu	*nephew*
la nièce	*niece*
l'oncle (m.)	*uncle*
le papa	*dad*
les parents	*parents*
le père	*father*
la sœur	*sister*
la tante	*aunt*

Les mamans françaises ont droit à un congé de maternité.	*French moms are entitled to a paid maternity leave.*
Leur fils est à l'armée.	*Their son is in the army.*
Il y a deux enfants dans cette famille.	*There are two children in this family.*
Son oncle paternel lui ressemble.	*His paternal uncle looks like him.*
Mes cousins sont du même âge que moi.	*My cousins are the same age as me.*
Nous avons une grande réunion de famille.	*We have a big family reunion.*

The adjective **beau** (m.) or **belle** (f.) in front of the nouns **fille**, **fils**, **frère**, **sœur**, **père**, or **mère** helps express *step* or *in-law*.

le beau-fils	*son-in-law, stepson*
la belle-fille	*daughter-in-law, stepdaughter*
le beau-frère	*brother-in-law, stepbrother*
la belle-sœur	*sister-in-law, stepsister*
le beau-père	*father-in-law, stepfather*
la belle-mère	*mother-in-law, stepmother*

Compound phrases such as **la belle-fille** and **le beau-fils** have a double meaning. They are used to express *daughter-in-law* and *son-in-law*. In the following sentences, note that **la bru** also means *daughter-in-law*. Similarly **le gendre** means *son-in-law* as well.

Ma belle-fille est la femme de mon fils.	*My daughter-in-law is my son's wife.*
Ma bru est la femme de mon fils.	*My daughter-in-law is my son's wife.*
Ma belle-fille est la fille de mon second mari.	*My stepdaughter is my second husband's daughter.*

The adjective **grand** or **grands** placed before the nouns **mère**, **père**, or **parents** serves to express *grandmother*, *grandfather*, and *grandparents*.

Ma grand-mère est gentille.	*My grandmother is nice.*
Mon grand-père est drôle.	*My grandfather is funny.*
Mes grands-parents m'adorent.	*My grandparents adore me.*

The adjective **petite**, **petit**, or **petits** placed before the nouns **fille**, **fils**, and **enfants** serves to express *granddaughter*, *grandson*, and *grandchildren*.

Ma petite-fille s'appelle Dara.	*My granddaughter's name is Dara.*
Mon petit-fils s'appelle Alex.	*My grandson's name is Alex.*
Mes petits-enfants sont mignons.	*My grandchildren are cute.*

The adverb **arrière** placed before **grand-mère**, **grand-père**, **grands-parents**, **petite-fille**, **petit-fils**, and **petits-enfants** serves to express *great-*.

J'ai des photos de mes arrière-grands-parents.	*I have pictures of my great-grandparents.*
Mon arrière-grand-mère était pianiste.	*My great-grandmother was a pianist.*
Mon arrière-grand-père est né en 1890.	*My great-grandfather was born in 1890.*

Les amis (Friends)

Friends play a very important role in people's lives. The French are discreet about love relationships and often use the word **ami(e)** both for a *friend* and for a *lover*. The phrase **petit(e) ami(e)** is sometimes used among teenagers for *boyfriend* or *girlfriend*. The words **copain**, **copine**, and especially **camarade** usually describe a more casual friendship. Here are some commonly used nouns and phrases used for friends and lovers.

l'ami (m.), le copain	*boyfriend*
l'amie (f.), la copine	*girlfriend*
l'ami(e) intime	*close friend*
les amoureux (m. pl.)	*lovers (people in love)*
l'amant(e)	*lover*
le/la camarade	*friend, buddy*
le/la collègue	*colleague*
la connaissance	*acquaintance*

Les amoureux n'ont besoin de personne.	*People in love do not need anybody.*
Roméo et Juliette sont des amants célèbres.	*Romeo and Juliet are famous lovers.*
Marie va au cinéma avec ses copains.	*Marie goes to the movies with her friends.*
Marie aime tous ses camarades de classe.	*Marie likes all her classmates.*
Marie sort danser avec son ami Luc.	*Marie goes dancing with her boyfriend Luc.*

EXERCICE
2·1

Qui est-ce? Who is it? *Identify the relationships between the people introduced in this exercise. Complete each sentence with the appropriate word.*

1. J'ai la même date de naissance que mon frère Louis. C'est le 12 mai. Je suis son _____.

2. À la maison, nous appelons notre mère _____.

3. La sœur de maman est notre _____.

4. Le père de papa est notre _____.

5. Maman est la _____ de Papa.

6. La mère de Maman, c'est la _____ de Papa.

7. Le père de Maman et de Papa, c'est notre _____.

8. Louis et moi, nous sommes les _____ de nos parents.

9. Le père de mon grand-père, c'est mon _____.

10. Louise sort avec son _____ Jean depuis deux ans.

11. Régine et Gérard sont _____ de classe, mais pas plus!

12. Régine va présenter son petit _____ Jojo à ses parents.

13. La grande sœur de Régine est toujours accompagnée de son _____. Ils sont inséparables.

14. À son bureau, Papa travaille avec d'excellents _____.

15. Mon père et le père de Guy sont frères. Alors nous sommes _____.

L'apparence et les conditions physiques (Physical appearance and conditions)

In familiar conversation, we often describe other people, especially their hair, their eyes, and any noteworthy physical conditions.

la bouche	*mouth*
les cheveux	*hair*
les cils (m. pl.)	*eyelashes*
la dent	*tooth*
le nez	*nose*
l'œil, les yeux (m.)	*eye, eyes*
la paupière	*eyelid*
la pommette	*cheekbone*
le sourcil	*eyebrow*

Note in the following examples how **cheveux** and **yeux** are usually preceded by a definite article.

Il a les cheveux longs et la moustache fine.	*He has long hair and a thin mustache.*
J'ai les yeux bleus.	*I have blue eyes.*
Elle a les pommettes très hautes.	*She has very high cheekbones.*
Elle a un nez en trompette.	*She has a trumpet nose.*

Here are some special phrases to describe the hair, the eyes, and the nose.

J'ai... *I have . . .*

les cheveux courts/longs/raides/bouclés	*short/long/straight/curly hair*
les cheveux blonds/roux/noirs/châtains	*blond/red/black/brown hair*
les yeux bleus/bruns/verts/gris/noisette	*blue/brown/green/gray/hazel eyes*
le nez aquilin/crochu/en trompette	*a(n) aquiline/hook/trumpet nose*

EXERCICE
2·2

***Reconnaître une personne.* Recognizing a person.** *For each passage, complete the sentences with the appropriate words from the list preceding the passage.*

bleus	bronzée	cariées	musclés	roux	rousse

Barberousse est un pirate des Caraïbes. Il a la peau (1) _____, des bras (2) _____, des cheveux (3) _____, une barbe (4) _____, des dents (5) _____ et des yeux (6) _____ comme l'océan.

raides	petites	noirs	pâle	fins	rouges

Amélie Poulain est un personnage de film. Elle a un visage de poupée, le teint (7) _____, les joues (8) _____, les yeux (9) _____, les cheveux (10) _____, les mains (11) _____ et les doigts (12) _____.

Le comportement humain (Human behavior)

Various universal emotions and reactions characterize human behavior. Certain situations elicit positive emotions; others elicit negative emotions.

l'affection (f.)	*affection*
l'amour (m.)	*love*
la compassion	*sympathy*
l'émotion, l'émotion vive	*emotion, thrill*
l'espoir (m.)	*hope*
la gratitude	*gratitude*
la satisfaction	*satisfaction*
la surprise	*surprise*

La naissance d'un enfant est un grand bonheur.	*The birth of a child is a great happiness.*
L'étudiant qui réussit éprouve joie et fierté.	*The student who succeeds feels joy and pride.*
Un acte malhonnête nous met en colère.	*A dishonest act makes us angry.*

On peut aussi éprouver...	*You can also feel . . .*
du chagrin	*sorrow*
de la colère	*anger*
une déception	*disappointment*
du dégoût	*disgust*
du désespoir	*despair*
de la haine	*hatred*
de la honte	*shame*
de l'ingratitude (f.)	*ingratitude*
de l'irritation (f.)	*irritation*
de la jalousie	*jealousy*
de la peur	*fear*
de la tristesse	*sadness*
de l'anxiété (f.)	*anxiety*

Quelle peur j'ai eue!	*I got so scared!*
J'ai dû maîtriser ma colère!	*I had to control my anger!*
Maintenant je ressens plutôt de la tristesse.	*Now I rather feel sadness.*
Il y a eu trop de déceptions dans ma vie.	*There have been many disappointments in my life.*

Les expressions affectives (Emotional expressions)

The way people show their emotions varies from one person to another and from one set of circumstances to another. Here are some examples of displays of emotion.

un baiser, une bise, un bisou	*kiss*
un cadeau	*gift*
une caresse	*caress*
une étreinte	*strong embrace, hug*
des félicitations (f. pl.)	*congratulations*
une menace	*threat*
les mots d'amour (m. pl.)	*love words*
des remerciements (m. pl.)	*thanks*
des reproches	*reproaches*

L'enfant envoie des bisous.	The child sends kisses.
Elle mérite un grand applaudissement.	She deserves a big applause.
Je t'offre mes remerciements.	I thank you.
Le professeur nous fait des reproches.	The teacher reproaches us.

EXERCICE
2·3

***Quelle émotion ressentiriez-vous dans les circonstances suivantes? What emotion
would you feel in the following circumstances?*** *For each sentence, choose from the
following list the emotion a person is most likely to feel, and write it on the line provided.*

la compassion	l'affection	le bonheur	l'amour
la joie	la surprise	la peur	la fierté
le désespoir	la déception	la tristesse	la gratitude
le dégoût	l'anxiété	la jalousie	

1. Le premier jour des vacances est arrivé. _____
2. Un alligator est dans votre jardin. _____
3. Une petite fille vous donne un baiser. _____
4. Votre amoureux ou amoureuse part en voyage. _____
5. Vous recevez un beau cadeau. _____
6. Le professeur vous dit que vous avez un bon accent en français. _____
7. Votre voisin gagne plus d'argent que vous. _____
8. Vous rencontrez la reine d'Angleterre. _____
9. Il y a un moustique ou un cafard dans votre assiette. _____
10. Vous avez un examen dans cinq minutes. _____
11. Vous voulez vous marier. _____
12. Vous voyez un sans-abri dans la rue. _____
13. Vous arrivez au restaurant. Il est fermé. _____
14. Vous allez perdre votre travail. _____
15. Vous gagnez 2 000 dollars. _____

Les attitudes (Attitudes)

People's attitudes depend on their innate personality traits as well as on their circumstances.
Some people, for example, seem to be endowed with patience (**la patience**), while others easily
succomb to impatience (**l'impatience**). Note that nouns ending in **-té** are feminine, while nouns
ending in **-isme** are masculine.

le courage	*courage*
la douceur	*gentleness*
l'enthousiasme (m.)	*excitement*
la fierté	*pride*
la générosité	*generosity*
l'idéalisme (m.)	*idealism*
l'indépendance (f.)	*independence*
l'innocence (f.)	*innocence*
l'optimisme (m.)	*optimism*
la politesse	*politeness*
la prudence	*prudence*
le réalisme	*realism*
le zèle	*zeal*

J'admire son optimisme.	*I admire his optimism.*
Elle traite tous ses patients avec douceur.	*She treats all her patients with gentleness.*
Il parle de son fils avec fierté.	*He talks about his son with pride.*
Nous faisons tous nos devoirs avec zèle.	*We do all our homework with zeal.*
Les adolescents ont besoin d'indépendance.	*Adolescents need independence.*

Here are some less-pleasant attitudes.

l'agressivité (f.)	*aggressiveness*
l'arrogance (f.)	*arrogance*
l'égoïsme (m.)	*selfishness*
l'ennui (m.)	*boredom*
l'envie (f.)	*envy*
l'esprit rebelle (m.)	*rebelliousness*
l'imprudence (f.)	*recklessness*
l'insolence (f.)	*rudeness*
la lâcheté	*cowardice*
la paresse	*laziness*
le pessimisme	*pessimism*
la témérité	*boldness, recklessness*
le sarcasme	*sarcasm*
le snobisme	*snobbery*

L'arrogance rend une personne antipathique.	*Arrogance makes a person disagreeable.*
L'égoïsme est un vilain défaut.	*Selfishness is an ugly fault.*
J'exprime mon ennui en bâillant.	*I express my boredom by yawning.*

Personality traits (**les traits de caractère**) affect attitudes. Here are a few examples.

l'avarice (f.)	*greed*
la foi	*faith*
l'héroïsme (m.)	*heroism*
l'humour (m.)	*humor*
l'ingénuité (f.)	*ingenuity*
la malice	*malice*

Quel héroïsme face au danger!	*What heroism in the face of danger!*
Les prêtres ont la foi.	*Priests have faith.*
Le loup fait souvent preuve de malice.	*The wolf often shows malice.*

Quelle est l'attitude ou le trait de caractère contraire? **Which is the opposite attitude or personality trait?** *Write the opposite for each of the following nouns.*

1. le chagrin _____

2. la honte _____

3. le zèle _____

4. le réalisme _____

5. la prudence _____

6. la gratitude _____

7. la douceur _____

8. la générosité _____

9. la patience _____

10. l'arrogance _____

11. l'expérience _____

12. l'insolence _____

Est-ce une qualité ou un défaut? **Is this a quality or a fault?** *Write a check mark (√) next to the word you consider a desirable attitude or human characteristic.*

_____ 1. la foi

_____ 2. la malice

_____ 3. l'ingéniosité

_____ 4. la témérité

_____ 5. le réalisme

_____ 6. le pessimisme

_____ 7. le snobisme

_____ 8. l'impatience

_____ 9. l'esprit rebelle

_____ 10. l'innocence

_____ 11. l'indépendance

_____ 12. l'irritation

_____ 13. le sarcasme

_____ 14. le conformisme

_____ 15. la fierté

EXERCICE
2·6

Des traits de caractère uniques. **Unique personality traits.** *Identify the appropriate completion for each sentence to find out more about the characteristics of various people. Write the letter of each completion on the lines provided.*

_____ 1. Je ne suis pas obéissant. Au contraire, j'ai l'...

_____ 2. J'adore les films de suspense. Ils me donnent des...

_____ 3. Je montre ma... en remerciant mes parents.

_____ 4. L'... des inventeurs m'impressionne toujours.

_____ 5. Sous l'... du moment, j'ai tendance à mal réagir.

_____ 6. Il a accepté mon refus avec... C'est bien!

_____ 7. Elle a fait tous ses devoirs en un jour. Quel... !

_____ 8. Il pratique sa religion avec beaucoup de...

_____ 9. Il suit tous ses cours avec la plus grande...

_____ 10. La mère traite son bébé avec...

_____ 11. Malgré les moments durs de la vie, on garde...

_____ 12. Manger des escargots lui cause un grand...

_____ 13. C'est avec... que j'ai trouvé un cadeau sur la table.

_____ 14. Quelle... de quitter la voiture avec les clefs sur le contact.

_____ 15. Quelle... quand on rate un examen!

a. dégoût

b. esprit rebelle

c. douceur

d. espoir

e. gratitude

f. imprudence

g. zèle

h. foi

i. déception

j. impulsion

k. émotions vives

l. ingéniosité

m. surprise

n. grâce

o. curiosité

Occupations et professions (Occupations and professions)

One of the most interesting facts about people is their occupation or the way they make a living. Young people and seniors have very little chance of finding employment in France where unemployment rates are high. Many people pursue higher education in order to enter a profession.

l'architecte (m.)	*architect*
l'avocat(e)	*lawyer*
l'avocat général (m.)	*prosecutor*
l'écrivain (m.)	*writer*
l'enseignant(e)	*instructor, teacher*
l'ingénieur (m.)	*engineer*

l'instituteur (m.), l'institutrice (f.)	*elementary school teacher*
l'interprète (m./f.)	*interpreter*
le juge	*judge*
le rédacteur, la rédactrice	*editor*
le reporter	*reporter*
le/la documentaliste	*information specialist*
le/la journaliste	*journalist*
le/la professeur	*teacher, professor*
le/la stagiaire	*trainee*

L'avocat défend son client.	*The lawyer defends his client.*
L'enseignant instruit les étudiants.	*The teacher instructs the students.*
La journaliste informe les lecteurs.	*The journalist informs readers.*
Le rédacteur révise le travail du journaliste.	*The editor revises the journalist's work.*
Un bon professeur est qualifié et motivé.	*A good teacher is qualified and motivated.*

Les occupations de la santé (Health care occupations)

Higher education (**l'enseignement supérieur**) also opens the door to medical professions.

le/la chirurgien(ne)	*surgeon*
le/la dentiste	*dentist*
l'infirmier (m.), l'infirmière (f.)	*nurse*
le/la médecin	*doctor, physician*
le/la nutritionniste	*nutritionist*
l'opticien(ne)	*optician*
le/la pharmaciste	*pharmacist*
le/la psychiatre	*psychiatrist*
le/la psychologue	*psychologist*
le/la vétérinaire	*veterinarian*

L'infirmier donne une piqûre au patient.	*The nurse gives the patient a shot.*
Va chez le dentiste te faire plomber cette dent.	*Go to the dentist to get this tooth filled.*
Le pharmaciste m'a conseillé ce remède.	*The pharmacist recommended to me this remedy.*
Ma nutritionniste me fait suivre un régime.	*My nutritionist is making me follow a diet.*

Les arts (Art)

Artistic occupations require talent, whether it is Marcel Marceau's art of pantomime or Claude Debussy's musical talent.

Il faut être doué pour devenir...	*You have to be talented to become a(n)...*
acteur (m.), actrice (f.)	*actor, actress*
artiste (m., f.)	*artist*
chanteur, chanteuse	*singer*
chef	*chef*
comédien(ne)	*comedian*
compositeur	*composer*
danseur (m.), danseuse	*dancer*
dramaturge (m., f.)	*playwright*
écrivain (m.)	*writer*
illustrateur (m., f.)	*illustrator*
musicien(ne)	*musician*

photographe (m., f.)	*photographer*
peintre (m., f.)	*painter*
sculpteur (m.), sculptrice (f.)	*sculptor*

Note that a profession is not preceded by an article unless the profession is modified.

Auguste Rodin était un sculpteur de génie.	*Auguste Rodin was a sculptor with genius.*
Paul Gauguin était peintre.	*Paul Gauguin was a painter.*
Frédéric Chopin était compositeur.	*Frederick Chopin was a composer.*
Gérard Depardieu? Il est acteur.	*Gérard Depardieu? He is an actor.*
C'était un écrivain existentialiste.	*He was an existentialist writer.*
Le chef Paul Bocuse a une réputation internationale.	*Chef Paul Bocuse has an international reputation.*

EXERCICE
2·7

***Quelle est l'occupation de chaque personne?* What is each person's occupation?**
Identify the most likely occupation for each of the following job descriptions, and write it on the lines provided.

1. Il reçoit et traite les personnes dépressives. Il est _____.

2. Elle me dit si tout va bien avec mes yeux. Elle est _____.

3. C'est un acteur de théâtre. Il est _____.

4. Elle fait de beaux tableaux. Elle est _____.

5. Il défend l'accusé. Il est _____.

6. Elle apprend aux petits enfants à lire. Elle est _____.

7. Il écrit des articles pour un quotidien. Il est _____.

8. Il compose des symphonies. Il est _____.

9. Il examine et traite les animaux malades. Il est _____.

10. Elle prépare et vend les médicaments. Elle est _____.

11. Elle est ballerine. Elle est _____.

12. Il écrit des pièces. Il est _____.

Les *métiers* (Trade occupations)

People who want to learn a trade or enter public service can acquire the necessary skills either in traditional high schools or in vocational schools (**les écoles professionnelles**). Here are some nouns for trade and public service occupations.

l'agent de police (m.)	*policeman*
le chauffeur de taxi (m.)	*taxi driver*
le coiffeur, la coiffeuse	*hairdresser*
le conducteur, la conductrice d'autobus	*bus driver*
le cuisinier, la cuisinière	*cook*

l'électricien(ne)	*electrician*
l'employé(e)	*employee*
l'esthéticienne (f.)	*beautician*
le facteur (m.)	*mail carrier*
la femme de ménage	*housecleaner*
le fonctionnaire (m., f.)	*civil servant*
le jardinier	*gardener*
le maître-nageur	*lifeguard*
le/la mécanicien(ne)	*mechanic*
le pâtissier, la pâtissière	*pastry chef*
le pompier (m.)	*fireman*
le/la secrétaire	*secretary*
le serveur, le garçon	*waiter*
la serveuse	*waitress*
le soldat (m.)	*soldier*
le steward, l'hôtesse de l'air (f.)	*flight attendant*
le vendeur, la vendeuse	*salesperson*

Sa secrétaire est très qualifiée.	*His secretary is very qualified.*
Les fonctionnaires français ont beaucoup de benéfices.	*French public employees have many benefits.*
Les pompiers risquent leur vie.	*Firemen risk their lives.*
L'esthéticienne me fait un épilage à la cire.	*The cosmetician gives me a waxing.*
Les chauffeurs de taxi sont nombreux à Paris.	*Cab drivers are numerous in Paris.*
Le maître-nageur a sauvé la vie d'un nageur.	*The lifeguard saved a swimmer's life.*
Appelle l'électricien pour réparer cette ligne.	*Call the electrician to repair this line.*
La vendeuse m'a donné de bons conseils.	*The salesperson gave me good advice.*

Going to the bakery, the pastry shop, the butcher shop, or the deli can be expressed in two different ways. Note in the following examples that the person working in the shop or owning the shop is mentioned (**le pâtissier**) rather than the place itself (**la pâtisserie**).

Allons chez le pâtissier du coin acheter un gâteau.	*Let's go to the pastry shop around the corner to buy a cake.*
Je suis allée chez le boucher hier matin.	*I went to the butcher shop yesterday morning.*

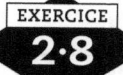

EXERCICE
2·8

Est-ce vrai ou faux? Is it true or false? *Write **V** for **vrai** or **F** for **faux** next to each statement regarding what various people do for a living.*

_____ 1. La serveuse reçoit de bons pourboires si elle est aimable.

_____ 2. Les soldats se battent pour leur pays.

_____ 3. La chirurgienne fait des opérations à la maison.

_____ 4. La secrétaire dirige l'entreprise.

_____ 5. L'architecte fait les plans des maisons.

_____ 6. Le plombier répare l'électricité.

_____ 7. Le psychologue opère les blessés.

_____ 8. Le vétérinaire soigne les enfants.

_____ 9. L'hôtesse de l'air pilote l'avion.

_____ 10. Le juge travaille dans un tribunal.

_____ 11. Le maître-nageur vient au secours des nageurs.

_____ 12. Le photographe pose pour des photos.

_____ 13. Le boulanger sert à boire.

_____ 14. L'artiste fait des reportages.

_____ 15. La pâtissière enseigne dans une université.

EXERCICE 2·9

***Soyons raisonnables!* Let's be reasonable!** *For each opening phrase, find the completing phrase to form a sentence regarding a person's occupation. Write the letter of each completion on the lines provided.*

_____ 1. Pour devenir avocat...

_____ 2. Un banquier doit...

_____ 3. Chez cette libraire, on trouve...

_____ 4. Toutes les entreprises ont...

_____ 5. Notre boucher vend...

_____ 6. Pour payer, allez trouver...

_____ 7. Ma femme de ménage...

_____ 8. Pour écrire des logiciels...

_____ 9. Bocuse est un...

_____ 10. C'est l'esthéticienne qui...

_____ 11. Je suis pressée de voir la dentiste...

_____ 12. L'agent de police a dit que...

_____ 13. Le rédacteur...

_____ 14. Les professeurs donnent des...

_____ 15. L'employé de bureau...

a. je roulais trop vite.

b. rédige des lettres.

c. cuisinier français très célèbre.

d. fait les corrections dans le livre.

e. un ou une comptable.

f. va me maquiller le jour du mariage.

g. parce que j'ai mal aux dents.

h. notes aux élèves.

i. des livres anciens.

j. un caissier ou une caissière.

k. nettoie chez moi le vendredi.

l. il faut apprendre le droit.

m. toutes sortes de viande.

n. ce programmeur est le meilleur.

o. étudier la finance.

◆3◆ Animals and nature

In this unit you will become familiar with the names of common animals in a variety of habitats. Some of them share people's lives, while others live in the wild or on farms. You will also learn to identify small and large elements of the world, such as flowers and trees, as well as geographical and physical aspects of the universe.

Les différents types d'animaux (Various types of animals)

The French are well-known dog and cat lovers. But other animals, too, are commonly kept as pets in homes or on farms.

Les bêtes domestiques (Pets)

A great number of French families have dogs. They are usually well trained, and it is not unusual to see them accompany their owner without a leash throughout the streets and even to the café.

le chat, la chatte	cat
le chaton	kitten
le chien, la chienne	dog
le chinchilla	chinchilla
le cochon d'Inde	guinea pig
le hamster	hamster
le lapin, la lapine	rabbit
le perroquet	parrot
le poisson rouge	goldfish

Les Français aiment les chats et les chiens à la folie.	*French people are madly in love with cats and dogs.*
Dans *Les 101 dalmatiens*, les chiots sont si mignons.	*In 101 Dalmatians, the puppies are so cute.*
Notre lapine a eu six petits.	*Our rabbit had six babies.*
Les perroquets vivent de très longues vies.	*Parrots live very long lives.*

Les animaux de la ferme (Farm animals)

Farm animals are truly considered a patrimony by the French. Each region has its special breed of cows, horses, lambs, and chickens. Farm animals are the subject of many French folk songs, stories, and fables.

l'agneau (m.)	lamb
l'âne, l'ânesse	donkey
le bélier	ram
le bœuf	ox
le bouc	goat (male)
la brebis	ewe
le cheval	horse
le cochon	pig
le coq	rooster
la dinde	turkey (female)
le dindon	turkey (male)
l'étalon (m.)	stallion
la jument	mare
le lapin	rabbit
le mouton	sheep
la mule	mule
l'oie (f.)	goose
le poney	pony
la poule	hen
le poussin	chick
la truie	sow
la vache	cow
la volaille	poultry

«La chèvre de M. Seguin» est une histoire provençale.	"Mr. Seguin's Goat" is a story from Provence.
«Le vilain petit canard» est une histoire d'enfant.	"The Ugly Duckling" is a children's story.
On se sert des cochons pour trouver les truffes.	They use pigs to find truffles.
La poule couvre ses œufs. Il y aura bientôt des poussins.	The chicken sits on her eggs. Soon there will be chicks.

People are often compared to animals in idiomatic phrases.

Il mange comme un cochon.	He eats like a pig
Il est têtu comme une mule.	He is stubborn like a mule.
Elle chante comme un pinson.	She sings like a finch.
Quelle mère-poule!	What a mother hen!
Quelle dinde! Elle est si sotte!	What a turkey! She is so silly!
Il est fier comme un coq.	He is proud like a rooster.

Quelle est la femelle de chacun des animaux? What is the female of each animal?
Write the name of the female for each animal.

1. le taureau _____

2. le coq _____

3. le cheval _____

4. le chien _____

5. le cochon _____

6. le chat _____

7. le bouc _____

8. le dindon _____

9. l'âne _____

10. le bélier _____

Les animaux libres ou sauvages (Free or wild animals)

Many animals live freely in nature, whether in deserts, jungles, forests, plains, mountains, lakes, rivers, or oceans.

l'antilope (f.)	*antelope*
le dauphin	*dolphin*
le lion, la lionne	*lion*
le/la léopard(e)	*leopard*
le loup, la louve	*wolf*
l'ours (m.)	*bear*
le pingouin	*penguin*
le requin	*shark*
le rhinocéros	*rhinoceros*
le serpent	*snake*
le singe	*monkey*
le tigre, la tigresse	*tiger, tigress*
le vautour	*vulture*
le zèbre	*zebra*

Les dauphins sont des mammifères.	*Dolphins are mammals.*
Les requins attaquent les nageurs.	*Sharks attack swimmers.*
Les pingouins ont l'esprit de famille.	*Penguins are family oriented.*
Les vautours sont une espèce en danger.	*Vultures are an endangered species.*
Le serpent peut être un symbole de mystère.	*The snake can be a symbol for mystery.*
Le tigre montre ses dents.	*The tiger shows his teeth.*

Où vivent-ils? **Where do they live?** *Indicate where each animal lives, by writing* **M** *for* **à la maison** *(at home),* **F** *for* **à la ferme** *(on a farm), or* **L** *for* **en liberté** *(free).*

_____ 1. le loup

_____ 2. la vache

_____ 3. le poulin

_____ 4. le serpent

_____ 5. le taureau

_____ 6. le chat

_____ 7. l'antilope

_____ 8. le poisson

_____ 9. le vautour

_____ 10. le singe

_____ 11. l'ours

_____ 12. l'oiseau

_____ 13. la chèvre

_____ 14. le dauphin

_____ 15. le perroquet

L'habitat animal (Animal habitats)

Animal habitats vary according to whether the animals live as pets, on the farm, or in the wild. For the latter, industrialization and residential expansion pose problems. Many animals are suffering from reduced or lost natural habitats.

les bois (m. pl.)	*woods*
la cage	*cage*
le champ	*field*
le clapier	*hutch*
le corral	*corral*
la cour	*courtyard*
l'étang (m.)	*pond*
la forêt	*forest*
la grange	*barn*
l'herbe (f.)	*grass*
la jungle	*jungle*
le lac	*lake*
la maison	*house*
le marécage	*swamp*

la mer	*sea*
la niche	*doghouse*
le nid	*nest*
l'océan (m.)	*ocean*
le poulailler	*henhouse*
la prairie	*prairie*
le pré	*meadow*
le récif de corail	*coral reef*
la rivière	*river*
la savane	*bush*
le zoo	*zoo*

Notre lapin blanc est dans un clapier.	*Our white rabbit is in a hutch.*
La nuit les chouettes hululent dans la forêt.	*At night the owls hoot in the forest.*
L'étang du village est plein de grenouilles.	*The village pond is full of frogs.*
Les vaches broutent dans le pré.	*The cows graze in the meadow.*
Les abeilles butinent les fleurs des champs.	*Bees gather nectar from flowers in the fields.*
Les chevaux sont au corral.	*The horses are in the corral.*

EXERCICE
3·3

***Où vivent-ils?* Where do they live?** *Write the name(s) of each animal's habitat(s) on the lines provided. There may be more than one habitat for each animal.*

1. les moutons _____

2. les poissons _____

3. les poules _____

4. les lapins _____

5. les requins _____

6. les singes _____

7. les loups _____

8. les ours _____

9. les grenouilles _____

10. les vaches _____

L'espace, la terre, et l'eau (Space, land, and water)

Planet Earth, composed of land and water, is surrounded by space.

l'air (m.)	*air*
l'astre (m.)	*celestial body*

l'atmosphère (f.)	*atmosphere*
le ciel	*sky*
la comète	*comet*
la constellation	*constellation*
l'espace (m.)	*space*
l'étoile filante (f.)	*shooting star*
la galaxie	*galaxy*
la (pleine) lune	*(full) moon*
le météore	*meteor*
l'orbite (f.)	*orbit*
l'oxygène (f.)	*oxygen*
la pesanteur	*gravity*
le satellite	*satellite*
le soleil	*sun*
le système solaire	*solar system*
la voie lactée	*Milky Way*

La conquête de l'espace est bien en voie.	*The conquest of space is well on the way.*
Des ensembles d'astres forment des galaxies.	*Groups of stars form galaxies.*
Une étoile filante porte bonheur.	*A shooting star brings luck.*
La lune est un satellite de la terre.	*The moon is a satellite of the earth.*

Note that the noun **la terre** has the double meaning of Earth and land.

La terre est ronde.	*Earth is round.*
La terre volcanique est fertile.	*Volcanic land is fertile.*

EXERCICE
3·4

***L'univers dans lequel nous vivons.* The universe in which we live.** *By completing each sentence with an appropriate word from the previous list, you will describe the universe.*

1. Il y a beaucoup d'_____ qui scintillent dans le ciel ce soir.

2. Nous avons besoin d'_____ pour respirer et vivre.

3. Dans les films de science-fiction, il y a souvent des _____.

4. _____ est frais dans les montagnes.

5. Quand on quitte l'atmosphère, il n'y a plus de _____.

6. Il est très rare de voir une étoile _____. Quelle chance!

7. Il y a plus d'une _____ dans l'univers.

8. Notre planète est dans le système _____.

9. La lune fait des _____ autour de la terre.

10. La terre est un _____ du soleil.

La terre (Earth)

The geographical features of our planet are varied. They comprise mountains, oceans, glaciers, woods, rivers, continents, and so on.

le bois (m. pl.)	*woods*
la campagne	*countryside*
le col	*pass*
la colline	*hill*
le continent	*continent*
la côte	*coast*
le désert	*desert*
le glacier	*glacier*
la grotte	*cave*
l'île	*island*
la montagne	*mountain*
le paysage	*landscape*
la péninsule	*peninsula*
la plage	*beach*
la plaine	*plain*
le plateau	*plateau*
le quai	*bank*
la région	*region*
le rivage	*shore*
la rive	*(river)bank, shore*
le rocher	*rock*
le sommet	*peak*
le terrain	*terrain*
la vallée	*valley*
le volcan	*volcano*

Le Sahara est un désert en Afrique.	*The Sahara is a desert in Africa.*
On pique-nique sur les quais de la Seine.	*People picnic on the banks of the Seine.*
Napoléon est né dans l'île de la Corse.	*Napoleon was born on the island of Corsica.*
Cannes est une ville sur la Côte d'Azur.	*Cannes is a city on the Riviera.*
Le Vésuve est un volcan éteint.	*Mount Vesuvius is an extinct volcano.*
Le mistral est un vent de la vallée du Rhône.	*The mistral is a wind in the Rhone Valley.*

Les étendues d'eau (Bodies of water)

Earth's geography includes many water masses. For example, France borders the Atlantic Ocean (**l'Océan Atlantique**) and the Mediterranean Sea (**la Mer Méditerranée**). France also has many rivers (**la rivière**), canals (**le canal**), and lakes (**le lac**) where people go to relax or exercise.

l'affluent (m.)	*tributary*
le bras de mer	*channel*
le canal	*canal*
la cascade	*cascade*
la chute d'eau	*waterfall*
le courant	*current*
l'eau (f.)	*water*
l'embouchure (f.)	*mouth of the river*
le fleuve	*major river*
le golfe	*bay*

l'isthme (m.)	isthmus
la marée	ocean tide
le ruisseau	brook
la source	source
le torrent	torrent
la vague	wave

À marée basse la plage est plus étendue.	At low tide the beach is wider.
Il y a une fontaine au milieu de la place.	There is a fountain in the middle of the plaza.
Les chutes de Niagara Falls sont spectaculaires.	The Niagara Falls are spectacular.
La Manche est un bras de mer entre la France et l'Angleterre.	The English Channel is a channel between France and England.
Regarde le surfeur en haut de la vague!	Look at the surfer on top of the wave!

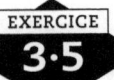

EXERCICE 3·5

Lequel ne convient pas? **Which one does not belong?** *Find the intruder in each series of nouns, and place a check mark (√) next to it.*

1. le volcan   la lave   le glacier

2. l'île   le continent   la péninsule

3. la gorge   la plage   la montagne

4. le désert   le bois   la forêt

5. le rocher   le quai   la grotte

6. le col   la côte   l'île

EXERCICE 3·6

Du petit au plus grand. **From smallest to biggest.** *Place a check mark (√) next to the smaller of the two bodies of water.*

1. _____ la vague   _____ la marée

2. _____ l'océan   _____ la mer

3. _____ le fleuve   _____ la rivière

4. _____ le ruisseau   _____ l'océan

5. _____ l'isthme   _____ le canal

6. _____ l'embouchure   _____ le golfe

7. _____ le lac   _____ l'étang

8. _____ la fontaine   _____ la cascade

L'écologie (Ecology)

In order to preserve life on Earth, people must respect and maintain the planet's ecological balance. Here are some useful terms to talk about climate, ecology, and pollution.

l'automne (m.)	*fall, autumn*
l'été (m.)	*summer*
l'hiver (m.)	*winter*
le printemps	*spring*
la saison	*season*
le climat continental	*continental climate*
le climat méditerranéen	*Mediterranean climate*
le climat polaire	*polar climate*
le climat tempéré	*temperate climate*
le climat tropical	*tropical climate*

Tout fleurit au printemps.	*Everything blooms in the spring.*
En hiver il fait froid à Paris.	*In the winter it is cold in Paris.*

EXERCICE 3·7

Vive les différences! **Long live differences!** *Complete each sentence with an appropriate word from the previous list to talk about seasons and climates.*

1. Dans un climat _____, toutes les saisons sont froides.

2. Dans un climat _____, il y a quatre saisons distinctes.

3. Au _____, tout fleurit.

4. On trouve des mangues et des ananas dans un climat _____.

5. On trouve des oliviers et des figuiers dans un climat _____.

6. En _____ au Canada, il fait très froid.

7. En _____, on fait du ski nautique en France.

8. En _____, les feuilles des arbres tombent.

9. L'Antarctique a un _____ polaire.

10. _____ est ma saison favorite.

Les menaces et les dons de la nature (Nature's threats and gifts)

Our planet is constantly facing and overcoming challenges and threats from nature. It also provides us with many natural resources to maintain and improve life on Earth.

Les menaces de la nature (Nature's threats)

Europe and France have recently been victimized by natural disasters such as unusually high summer temperatures, forest fires, and huge windstorms.

l'avalanche (f.)	*avalanche*
la canicule	*dog days, excessive heat*
le cyclone	*cyclone*
l'éclair (m.)	*lightning*
l'effondrement de terrain (m.)	*landslide*
l'éruption (f.)	*eruption*
le feu de forêt	*forest fire*
le glissement de terrain	*landslide*
la grêle	*hail*
l'iceberg (m.)	*iceberg*
l'inondation (f.)	*flood*
l'orage (m.)	*storm*
l'ouragan (m.)	*hurricane*
la rafale	*gust, squall*
le raz-de-marée	*tidal wave*
la sécheresse	*drought*
la secousse	*tremor*
la tempête	*storm (at sea)*
la tempête de neige	*snowstorm*
la tempête de vent	*windstorm*
la tornade	*tornado*
le tremblement de terre, le séisme	*earthquake*
le verglas	*ice*

Un skieur a été surpris par une avalanche.	*A skier was surprised by an avalanche.*
Un raz-de-marée peut être fatal.	*A tidal wave can be fatal.*
Il y a eu un séisme en Californie.	*There was an earthquake in California.*
Les ouragans ont causé des naufrages.	*Hurricanes have caused shipwrecks.*
Un iceberg a détruit le *Titanic*.	*An iceberg destroyed the* Titanic.
La canicule a causé des feux de forêt.	*The excessive heat caused forest fires.*

EXERCICE 3·8

Quelle en est la conséquence? What are the consequences? *Find the word in the right column that completes or matches the word in the left column, and write the appropriate letter on the lines provided.*

_____ 1. le verglas

_____ 2. l'éruption

_____ 3. l'ouragan

_____ 4. l'éclair

_____ 5. le cyclone

_____ 6. la canicule

_____ 7. la tempête de neige

a. le naufrage

b. le raz-de-marée

c. la rafale

d. le dérapage

e. la tempête

f. l'avalanche

g. le feu de forêt

_____ 8. le séisme   h. l'effondrement de terrain

_____ 9. le soleil   i. l'électrocution

_____ 10. la secousse   j. la sécheresse

Les ressources naturelles (Natural resources)

The earth's natural resources are great gifts from nature, and they are abundant throughout the planet. Here are some terms for discussing this topic.

l'acier (inoxydable) (m.)	*(stainless) steel*
l'air (m.)	*air*
l'argent (m.)	*silver*
le charbon	*coal*
le coton	*cotton*
le cuir	*leather*
le cuivre	*copper*
le diamant	*diamond*
l'eau (f.)	*water*
l'énergie solaire (f.)	*solar energy*
l'essence (f.)	*gasoline*
le fer	*iron*
le gaz naturel	*natural gas*
le mercure	*mercury*
l'or (m.)	*gold*
l'oxygène (m.)	*oxygen*
le pétrole	*crude oil*
le plomb	*lead*
le sodium	*sodium*

L'énergie solaire est géniale.	*Solar energy is great.*
Il y a du fer dans les épinards.	*There is iron in spinach.*
Il y a des mines de diamants en Afrique.	*There are diamond mines in Africa.*
Les explorateurs cherchaient l'or.	*Explorers were looking for gold.*
Le sodium se trouve dans des aliments.	*Sodium is found in some foods.*

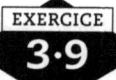

EXERCICE
3·9

***Qu'ont-ils en commun?* What do they have in common?** *In each series of words, place a check mark (√) next to the one that does not belong.*

1. l'essence	le gaz naturel	le pétrole
2. le sodium	l'or	le diamant
3. le soleil	le fer	le mercure
4. l'acier	l'air	le soleil
5. l'iode	le sodium	l'eau
6. le cuir	le coton	le cuivre

Produits de l'agriculture (Agricultural resources)

Our environment allows us to grow many types of fruits and vegetables to feed ourselves, and many trees, plants, and flowers to beautify the surroundings.

Fruits (Fruit)

l'abricot (m.)	apricot
l'amande (f.)	almond
l'avocat (m.)	avocado
la banane	banana
la cerise	cherry
le citron	lemon
la figue	fig
la fraise	strawberry
la framboise	raspberry
la mandarine	mandarine
la mangue	mango
le melon	melon
l'olive (f.)	olive
l'orange (f.)	orange
le pamplemousse	grapefruit
la pastèque	watermelon
la pêche	peach
la poire	pear
la pomme	apple
la prune	plum
le raisin	grape
la tomate	tomato

Je voudrais des fraises avec de la crème fraîche.	I would like strawberries with crème fraîche.
Je préfère les pommes aux poires.	I prefer apples rather than pears.
Il nous faut de la pastèque pour le barbecue.	We need watermelon for the barbecue.
Cherche-moi des olives.	Get me some olives.

In the following sentences, note how easy it is to change the name of a fruit to the name of the tree that bears it. Simply change the -**e** ending of the fruit to -**er** or -**ier**. The gender of the tree is masculine.

J'ai des figuiers et des oliviers.	I have fig trees and olive trees.
Un cerisier en fleur est magnifique.	A cherry tree in blossom is magnificent.

EXERCICE
3·10

Qu'est-ce qui y pousse? **What grows on it?** *Write the name of the fruit that each tree bears, in the space provided.*

1. Sur un prunier pousse une _____.

2. Sur un manguier pousse une _____.

3. Sur un amandier pousse une _____.

4. Sur un pêcher pousse une _____.

5. Sur un pommier pousse une _____.

6. Sur un bananier pousse une _____.

7. Sur un olivier pousse une _____.

8. Sur un figuier pousse une _____.

Les légumes et les herbes fines (Vegetables and herbs)

The French, for whom cooking is always an art (even when it is home cooking), think it is important to know and use a variety of vegetables and herbs to enhance the nutritional value of a dish, as well as its taste and appearance.

l'ail (m.)	garlic
l'artichaut (m.)	artichoke
l'asperge (f.)	asparagus
l'aubergine (f.)	eggplant
le basilic	basil
la betterave	beet
le brocoli	broccoli
la carotte	carrot
le céleri	celery
le chou	cabbage
le chou-fleur	cauliflower
la citrouille	pumpkin
le concombre	cucumber
la courgette	zucchini
l'endive (f.)	endive
le haricot vert	green bean
la laitue	lettuce
le maïs	corn
la menthe	mint
l'oignon (m.)	onion
le persil	parsley
le petit pois	pea
le poivron vert	green pepper
la pomme de terre	potato
le radis	radish
le romarin	rosemary

Hier j'ai mangé une salade de concombres.	Yesterday I ate a cucumber salad.
Ma purée de pommes de terre est délicieuse.	My mashed potatoes are delicious.
La soupe de citrouille est bonne.	Pumpkin soup is good.
Mets un peu de romarin dans ce ragoût!	Put a little rosemary into this stew!
Coupons encore quelques oignons!	Let's cut a few more onions!

In the following sentences, note the use of the definite article (**le, la, les**) when referring to foods in general. However, when referring to undefined quantities of food, the partitive article (**du, de la, de l', des**) is used.

L'ail est dans tous les plats provençaux.
Dans la salade niçoise, il y a **de la** laitue
et **du** thon.
J'ai **du** persil frais de mon jardin.
Aujourd'hui j'ai envie de manger
des asperges.

All Provençal dishes have garlic.
In a Niçoise salad, there is lettuce and tuna.

I have fresh parsley from my garden.
Today I feel like eating asparagus.

EXERCICE
3·11

Soupe, salade ou dessert? **Soup, salad, or dessert?** *Write* **soupe**, **salade**, *or* **dessert**
after each series of words as appropriate. (More than one answer may apply.)

1. haricots, petit pois _____

2. bananes, fraises _____

3. laitue, radis _____

4. tomates, basilic _____

5. raisin, framboises _____

6. endive, épinards _____

7. romarin, carottes _____

8. céleri, laitue _____

9. poivron vert, artichaut _____

10. pastèque, melon _____

Les fleurs, les plantes et les arbres (Flowers, plants, and trees)

Flowers, plants, and trees are important parts of the environment, and French people love gardens where they can grow their favorite flowers, fruits, vegetables, and trees. Many people leave the city on weekends to tend to their **jardin**. Since France has four seasons, people are often quite preoccupied with seeding and planting at the right time of year.

le chêne	*oak*
le coquelicot	*poppy*
l'hêtre	*beech tree*
le lierre	*ivy*
le lilas	*lilac*
le lys	*lily*
la marguerite	*daisy*
le muguet	*lily of the valley*
l'œillet (m.)	*carnation*
l'orchidée (f.)	*orchid*
l'orme (m.)	*elm*
le palmier	*palm tree*
la plante annuelle	*annual*
la rose	*rose*
le sapin	*fir tree*

le saule pleureur	*weeping willow*
le tilleul	*linden tree*
le tournesol	*sunflower*
la tulipe	*tulip*
la violette	*violet*
la vivace	*perennial*

Ces champs sont couverts de coquelicots.	*These fields are covered with poppies.*
Le lys était le symbole du pouvoir royal.	*The lily was the symbol of royal power.*
A Noël il y a des sapins partout.	*At Christmas there are fir trees everywhere.*
Van Gogh a peint beaucoup de tournesols.	*Van Gogh painted many sunflowers.*
Le premier mai, on cueille le muguet.	*On the first of May, people pick lilies of the valley.*
Il y a des chênes et des hêtres en Europe.	*There are oak and beech trees in Europe.*

EXERCICE
3·12

Que savez-vous des fleurs? What do you know about flowers? *Write **V** for **vrai** or **F** for **faux** next to each statement about flowers.*

_____ 1. L'orchidée n'est pas chère.

_____ 2. La marguerite est très rare et très grande.

_____ 3. Les tulipes sont toujours rouges.

_____ 4. Le tournesol ressemble à un soleil.

_____ 5. Toutes les violette sont blanches.

_____ 6. Le muguet est une fleur robuste.

_____ 7. La plante annuelle ne vit pas longtemps.

_____ 8. La rose symbolise souvent l'amour.

_____ 9. Le coquelicot est rouge.

_____ 10. Le lierre pousse et grimpe partout.

***Distinguez-vous les fleurs des arbres?* Can you distinguish flowers from trees?** *Write
F for **fleur** next to the words identifying flowers and **A** for **arbre** next to the words
identifying trees.*

_____ 1. le sapin

_____ 2. l'œillet

_____ 3. le tilleul

_____ 4. le lilac

_____ 5. le chêne

_____ 6. le muguet

_____ 7. le coquelicot

_____ 8. le tournesol

Places

·4·

Among the many places we know, none are more important than the places where we live, learn, and work. In this unit you will familiarize yourself with the many kinds of places.

Régions, villes et villages (Regions, cities, and towns)

Towns and cities often have unique characteristics according to where they are located. For example, in a small town, one might talk about a main street (**la rue principale**), whereas in a city one might talk about a downtown (**le centre ville**).

l'arrondissement (m.)	*subdivision in the city of Paris*
l'avenue (f.)	*avenue*
la banlieue	*suburb*
le boulevard	*boulevard*
le canton	*canton*
la capitale	*capital*
le centre ville	*city center, downtown*
le département	*regional subdivision*
la région	*region*
le village	*village*
la ville	*city, town*

Il y a vingt arrondissements à Paris.	*There are twenty divisions in Paris.*
La Touraine est la région des châteaux.	*Touraine is the region of castles.*
Les magasins sont au centre ville.	*The shops are in the center of town.*
Jeanne d'Arc est née dans un village de Lorraine.	*Joan of Arc was born in a village in Lorraine.*
L'Avenue des Champs-Elysées passe sous l'Arc de Triomphe.	*The avenue of the Champs-Elysées passes under the Arch of Triumph.*

la cathédrale	*cathedral*
le centre culturel	*cultural center*
le château	*castle*
la cité	*town*
la cité-dortoir	*bedroom community*
la cour	*yard*
l'école (f.)	*school*

l'église (f.)	church
le faubourg	outskirts
la gare	train station
l'hôpital (m.)	hospital
l'hôtel de ville (m.)	city hall
l'immeuble (m.)	building
le jardin public	public park
la mairie	town hall
la maison de retraite	retirement home
le monument historique	historical building
le musée	museum
le parc	park
le parking	parking
la place	plaza
le quartier (résidentiel)	(residential) neighborhood
la rue principale	main street
le square	square, plaza
le terrain	building site
le terrain de sport	sports field
le trottoir	sidewalk

Allons à la cathédrale de Notre-Dame!	Let's go to the cathedral of Notre-Dame!
Les écoliers jouent dans la cour de l'école.	The schoolchildren play in the school yard.
Je voudrais visiter le musée du Louvre.	I would like to visit the Louvre museum.
La Sorbonne est dans le Quartier Latin.	The Sorbonne is in the Latin Quarter.
Les immeubles ici sont très anciens.	The buildings here are very old.
La guillotine était sur la place de la Concorde.	The guillotine was on the Concorde Plaza.

EXERCICE
4·1

Où suis-je? Where am I? *For each statement, write the letter that best corresponds to where the speaker is.*

_____ 1. J'attends l'autobus.

_____ 2. Je joue au foot.

_____ 3. C'est l'Alsace.

_____ 4. Je suis près de la Sorbonne.

_____ 5. C'est Paris.

_____ 6. Je vais me faire opérer.

_____ 7. Je vais à une messe.

_____ 8. Je gare ma voiture ici.

_____ 9. Ici il y a la mairie et le musée du village.

_____ 10. Je visite un palais royal.

a. la capitale

b. le parking

c. l'église

d. le château

e. le trottoir

f. le quartier Latin

g. une région de France

h. le terrain de sport

i. l'hôpital

j. le centre ville

Habitation (Housing)

Where people live reflects their social and economic standing. In villages and cities, there are older homes passed on from generation to generation and there are new homes built for those who can afford them. City suburbs (**les banlieux**) are microcosms with the issues that currently permeate the French social fabric. Poverty and unemployment are concentrated in suburban projects.

Les types de logement (Types of housing)

Some people live in apartments, others in houses, and still others in student dorms. Furnishings vary for different people or habitations.

l'appartement (meublé) (m.)	(furnished) apartment
le bâtiment	building
la caserne	military compound
le chalet	Swiss-style house
le château	castle
le deux-pièces	two-room apartment
le duplex	duplex
la ferme	farm
le HLM (habitation à loyer modéré)	low-income housing, project
l'immeuble (m.)	apartment building
la maison	house
la maison de campagne	country house
la maison individuelle	private home
la maison préfabriquée	mobile home
le meublé	furnished apartment
la propriété privée	private property
la roulotte	trailer
le studio	studio
la tour	tower
la villa	villa

Nous cherchons un appartement spacieux.	We are looking for a spacious apartment.
Cet immeuble a dix étages.	This building has ten floors.
Notre résidence secondaire est un chalet dans les Vosges.	Our second home is a chalet in the Vosges.
Regarde le panneau «Propriété privée»!	Look at the sign "Private Property"!
Il y a eu des émeutes en banlieue.	There have been riots in the suburbs.

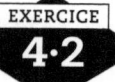

EXERCICE
4·2

De quelle habitation parle-t-on? **What living facility are we talking about?** *For each definition, write the matching word from the previous list.*

1. On paie très peu de loyer pour habiter là. _____

2. On peut l'attacher derrière une voiture et la déménager facilement. _____

3. On peut aller sur ce terrain seulement quand on habite là ou quand on est invité. _____

4. Ce sont des résidences royales. _____

5. Les militaires habitent là. _____

6. C'est la maison de l'agriculteur. _____

7. C'est un grand bâtiment avec beaucoup d'appartements. _____

8. C'est une maison en bois dans la montagne. _____

9. C'est un appartement avec une seule chambre. _____

10. C'est un appartement avec des meubles. _____

L'espace d'habitation (Living quarters)

Within a house or an apartment, there is a variety of floor plans, including essential spaces such as bathrooms and kitchens.

le balcon	balcony
la buanderie	laundry room
le bureau	office, study
le cabinet	restroom
la cave	cellar
la chambre (à coucher)	(bed)room
la chambre d'amis	guest room
la chambre d'étudiant	dorm room
la cheminée	fireplace
la clôture	fence
la cuisine	kitchen
le garage	garage
le grenier	attic
la kitchenette	kitchenette
la pièce	room
la salle à manger	dining room
la salle de bains	bathroom
la salle de jeux	game room
la salle de séjour	family room
le salon	living room
la terrasse	terrace
les toilettes (f. pl.)	restroom
le(s) W.C.	restroom

Je cherche un trois-pièces.	*I am looking for a three-room apartment.*
Une kitchenette me suffit.	*A kitchenette is sufficient.*
Quelle belle vue de ce balcon!	*What a beautiful view from this balcony!*
Nous gardons la voiture au garage.	*We keep the car in the garage.*
J'ai mis tes vieilles affaires au grenier.	*I put your old things into the attic.*
Il a un camarade de chambre à l'université.	*He has a roommate at the university.*

Note that the term **les toilettes** refers to a *restroom*, while the term **la salle de bains** is a *full bathroom* that includes a bathtub or a shower.

Les toilettes sont au premier étage.	*The bathroom is on the second floor.*
Cette salle de bains a un Jacuzzi.	*This bathroom has a Jacuzzi.*

EXERCICE
4·3

Le trouverait-on dans sa maison de rêve? **Would we find it in a dream house?** *On the lines provided, write the letter of what you would find in a dream house.*

_____ 1. a. cinq salle de bains avec Jacuzzi   b. deux buanderies

_____ 2. a. une très petite cave   b. une grande salle de séjour

_____ 3. a. un escalier en marbre   b. une vieille terrasse

_____ 4. a. une salle à manger   b. un grenier

_____ 5. a. des toilettes pour chaque chambre   b. un W.C. pour toute la maison

_____ 6. a. un salon avec des meubles anciens   b. une kitchenette

_____ 7. a. trois chambre d'amis   b. une petite chambre à coucher

_____ 8. a. un jardin avec des fontaines   b. un garage

_____ 9. a. un système d'alarme   b. une clôture en bois

_____ 10. a. une salle de jeux moderne   b. un petit bureau

Les établissements éducatifs (Educational facilities)

The French educational system is quite different from the American system. It allows a wide range of secondary schools: some are strictly academic institutions leading to the feared **baccalauréat**, while others focus on a specific area of specialization that will be sanctioned by a **baccalauréat professionnel** or another professional degree.

l'amphithéâtre (m.)	*lecture hall*
la cantine	*cafeteria*
le centre d'information	*information center*
la cité universitaire	*residence hall*
le collège	*middle school*
la cour de récréation	*courtyard, playground*
le dortoir	*dormitory*
l'école (f.)	*school*
l'école maternelle (f.)	*kindergarten*
l'école technique (f.)	*technical school*
la faculté de droit	*law school*
la faculté de médecine	*medical school*
l'internat (m.), le pensionnat	*boarding school*
le jardin d'enfants	*prekindergarten*
le laboratoire, le labo	*laboratory, lab*
le lycée	*high school*
le restaurant universitaire, Resto U	*university restaurant*
la salle de classe	*classroom*
l'université (f.)	*university*

La maternelle commence à l'âge de cinq ans.	*Kindergarten starts at the age of five.*
Les dortoirs sont toujours bruyants.	*Dorms are always noisy.*

Il y a des internats prestigieux en Suisse.	*There are prestigious boarding schools in Switzerland.*
Les Français mangent bien à la cantine des écoles.	*The French eat well in school cafeterias.*
Les cours de philosophie ont lieu dans un amphithéâtre.	*Philosophy classes take place in lecture halls.*

EXERCICE 4·4

Où faut-il aller? Where must they go? *Write the most appropriate place from the previous list for each of the following scenarios.*

1. Pour devenir avocat _____

2. Pour jouer avec d'autres enfants de quatre ans _____

3. Pour finir ses études secondaires _____

4. Pour faire des études secondaires et apprendre à vivre sans ses parents _____

5. Pour faire des expériences de chimie _____

6. Pour manger à la cité universitaire _____

7. Pour apprendre le métier d'électricien _____

8. Pour assister à une conférence par un professeur _____

9. Pour devenir médecin _____

10. Pour passer l'examen de mathématiques _____

Les lieux de commerce et les lieux de travail (Places of business and places of work)

Business and work play an important role in many people's lives. The French have strict regulations protecting the average worker; these regulations limit the number of hours per week people can be asked to work (thirty-five hours since a 2000 legislative decree) as well as set their minimum wage.

Industrie-service (Service industry)

Here is a list of service-oriented businesses.

l'agence de location de voiture (f.)	*car rental agency*
l'agence de placement (f.)	*employment agency*
l'agence de voyage (f.)	*travel agency*
l'agence immobilière (f.)	*real estate agency*
la banque	*bank*
le bar	*bar*
le bistrot	*bistro*
la bourse	*stock exchange*
le bureau	*office*
le café	*cafe*

la caisse d'épargne	savings bank
le commerce	business
la compagnie d'assurances	insurance agency
l'hôtel (m.)	hotel
le restaurant	restaurant
le salon de coiffure	hair salon
la station essence	gas station

J'ai rempli un formulaire dans une agence de placement.	I filled out an application in a job placement agency.
Mon agence de voyage m'a organisé mes vacances en Egypte.	My travel agency organized my vacation in Egypt.
Je rencontre mes amis au bistrot le vendredi soir.	I meet my friends at the bistro on Friday nights.
Arrête à cette station essence et fais le plein!	Stop at this gas station and fill it up!

Les magasins (Stores)

Here are some businesses that specialize in sales.

la bagagerie	luggage store
la boucherie	butcher shop
la boulangerie	bakery
la boutique	boutique
la caisse	cash register
le centre commercial	shopping mall
la charcuterie	delicatessen, deli
l'épicerie (f.)	grocery store
le grand magasin	department store
le hypermarché, le supermarché	supermarket
le kiosque	newspaper stand
la librairie	bookstore
le magasin	store
le magasin de meubles	furniture store
le marché	market
le marché aux puces	flea market
la maroquinerie	leather goods store
la papeterie	stationery store
la parfumerie	perfume store
la pâtisserie	pastry store
la pharmacie	pharmacy
la poste	post office
la quincaillerie	hardware store
le tabac	tobacco store

Achète-moi le journal au kiosque du coin.	Buy me the newspaper at the corner stand.
Il y a des aubaines au marché aux puces.	There are good deals at flea markets.
Achetons une carte à cette papeterie!	Let's buy a card at this stationery store!
La pharmacie ferme à midi.	The pharmacy closes at noon.
J'achète du pain frais à la boulangerie du quartier.	I buy fresh bread at the neighborhood bakery.
Allons acheter un timbre au tabac!	Let's go buy a stamp at the tobacco shop!
Mon grand magasin préféré, c'est Les Galeries Lafayette.	My favorite department store is Les Galeries Lafayette.

Within a big store, the following departments can be found.

le rayon des appareils électroniques	*electronics department*
le rayon des appareils ménagers	*home appliance department*
le rayon des enfants	*children's department*
le rayon des femmes	*women's department*
le rayon des hommes	*men's department*
le rayon des jeux	*game department*
le rayon des meubles	*furniture department*
le rayon des parfums	*perfume department*
le rayon des produits de beauté	*cosmetics department*
le rayon des sports	*sports department*
le rayon informatique	*computer department*

Voilà le rayon des appareils ménagers. Il me faut un mixer.	*There is the appliance department. I need a mixer.*
Tu trouveras ton Chanel au rayon des parfums.	*You will find your Chanel at the perfume department.*
Il y a peut-être des vases au rayon des meubles?	*Could there be vases in the furniture department?*

Autres lieux de travail (Other workplaces)

le cabinet dentaire	*dental office*
le cabinet juridique	*law office*
le cabinet médical	*doctor's office*
le chantier (de construction)	*construction site*
la clinique	*clinic*
la cour de justice	*court of justice*
la ferme	*farm*
le garage	*garage*
l'hôpital (m.)	*hospital*
le tribunal	*tribunal*
l'usine (f.)	*factory*

Il est maçon. Il est toujours sur le chantier.	*He is a mason. He is always on-site.*
De nos jours les fermes sont très modernes.	*Nowadays farms are very modern.*
Le médecin reçoit des patients dans son cabinet médical.	*The doctor receives patients in his office.*
Le mécanicien travaille dans un garage.	*The mechanic works in a garage.*
Les ouvriers de l'usine Renault sont bien payés.	*The workers from the Renault factory are well paid.*

EXERCICE
4·5

Où travaille chacune des personnes suivantes? **Where does each of the following people work?** *Write the name of the place where each person is most likely to work.*

1. le vendeur _____

2. l'avocat _____

3. la serveuse _____

4. l'agent de voyage   _____

5. l'infirmier   _____

6. la pharmacienne   _____

7. le mécanicien   _____

8. le représentant qui loue les voitures   _____

9. la coiffeuse   _____

10. l'ouvrier   _____

11. l'agriculteur   _____

12. le commerçant   _____

13. le dentiste   _____

14. le sculpteur   _____

15. le juge   _____

Les lieux de vacances et les hôtels (Vacation sites and hotels)

When we are not at work or at home, we are often in places like hotels or parks where we can enjoy leisure-time activities. Many French people take both a summer and a winter vacation each year, because employed workers generally get from four to six weeks of paid vacation.

Les lieux de vacances (Vacation sites)

France offers a great variety of vacation choices and sites for the young, the mature, singles, and families alike, especially during summer vacations (**les grandes vacances**). The French are not great amusement park (**le parc d'amusement**) lovers even though they have a Disneyland and a few other such parks.

l'auberge de jeunesse (f.)	youth hostel
le bateau de croisière	cruise ship
le bord de mer	seaside
la campagne	countryside
la chambre d'hôte	room (in a private home)
le club de vacances	vacation club
la colonie de vacances, la colo	summer camp
à l'étranger (m.)	abroad
le gîte	rented vacation home
l'hôtel (m.)	hotel
le jardin d'attractions	amusement park
le lieu historique	historical site
la maison de vacances	vacation home
la montagne	mountain
le parc naturel	natural park
le pays exotique	exotic country
la pension de famille	residential hotel

la station balnéaire	seaside resort
la station de sports d'hiver	winter sports resort
la station thermale	spa resort
le terrain de camping	camping site

Nous resterons dans un gîte à Saint Malo.	We will stay in a rented home in Saint Malo.
Les colonies ne sont plus populaires parmi les jeunes en France.	Summer camps are no longer popular among young people in France.
Le jardin d'attractions Astérix est en France.	The Astérix amusement park is in France.
Je passerai une semaine en montagne.	I will spend a week in the mountains.
Club Med est très connu.	Club Med is well known.

EXERCICE 4·6

Où sommes-nous? **Where are we?** *Write the location where each of the following fragments of conversation could be overheard.*

1. Annie va faire de la luge et moi du ski. _____

2. Garons le camping-car ici pour cette nuit! _____

3. Sortons en bateau aujourd'hui! _____

4. J'ai payé une semaine de location pour une maison en Alsace. _____

5. Il y a beaucoup de sentiers et d'animaux en liberté! _____

6. Il faut que nous achetions de la crème solaire pour ne pas attraper de coups de soleil. _____

7. Il nous faut nos carnets de vaccination pour aller dans ces pays-là. _____

8. Je me sens déjà mieux et en meilleure santé. _____

9. Les enfants adorent ces manèges, ces jeux et ces activités. _____

10. Si on louait un Jet Ski? _____

Les hôtels (Hotels)

French hotels are ranked in six categories (represented by stars) according to their level of comfort, amenities, and services.

l'ascenseur (m.)	elevator
le balcon	balcony
la chambre à deux lits	double room
la chambre d'hôtel	hotel room
la chambre simple	single room
le hall	lobby
l'hôtel à trois étoiles	three-star hotel
l'hôtel de luxe (m.)	luxury hotel
la laverie automatique	laundromat
la piscine	pool

la réception	*front desk, reception*
la salle de bains	*bathroom*
la salle des petits déjeuners	*breakfast room*
le salon	*lounge*
le salon de beauté	*beauty salon*
le sauna	*sauna*
le service de blanchisserie	*laundry service*
le service étage, service de chambre	*room service*
la suite	*suite*
la terrasse	*terrace*
la vue	*view*

Cet hôtel à deux étoiles n'a pas d'ascenseur.	*This two-star hotel has no elevator.*
Le personnel de la réception était poli.	*The reception staff was polite.*
Je préfère manger dans la salle des petits déjeuners.	*I prefer eating in the breakfast room.*
Le soir je commande le service étage.	*At night I ask for room service.*
J'ai réservé une chambre à deux lits.	*I reserved a room with two beds.*

Note that the terminology *king-* or *queen-size* bed does not exist in French. People simply ask for **un grand lit**.

EXERCICE
4·7

Complétez cette lettre écrite par Josiane pendant ses vacances! **Complete this letter written by Josiane while on vacation.** *Fill in each blank with an appropriate word to give meaning to the sentence.*

Cher Jean,

Je m'amuse beaucoup ici dans cet hôtel à trois (1) _____. C'est vraiment un hôtel de (2) _____. Mais le tarif est raisonnable et comprend la pension complète. De plus je vais tous les jours me bronzer près de la (3) _____ qui est magnifique. Hier soir je n'avais pas envie de quitter ma chambre; alors j'ai commandé le service repas et j'ai mangé dans ma (4) _____. Evidemment j'ai donné un bon pourboire au serveur. Couché dans mon grand (5) _____, j'ai dégusté mon filet mignon et ensuite je me suis assis sur la (6) _____ et j'ai admiré le coucher du soleil. Quelle soirée magnifique! Demain je vais aller au (7) _____ prendre un bain de vapeur. Je pense que l'an prochain, j'irai passer une semaine à la (8) _____ pour changer un peu. Je vais me chercher une (9) _____ de sports d'hiver dans les Alpes. Bon! Il est l'heure d'aller au (10) _____ de beauté.

Gros baisers,

Josiane

Leisure

Outside of work and school, people spend time with family and friends or indulge in hobbies, pastimes, and sports activities. In this unit you will learn nouns and noun phrases necessary to explore the many ways people choose to spend free time.

Fêtes et célébrations (Holidays and celebrations)

Celebrating civil and religious holidays is one way for people to enjoy their free time.

l'anniversaire de mariage (m.)	*wedding anniversary*
l'anniversaire (m.)	*birthday*
le bar-mitzva	*bar mitzvah*
le bat-mitzva	*bat mitzvah*
la communion	*communion*
la fête de la musique	*music festival*
la Fête des Mères	*Mother's Day*
la Fête des Pères	*Father's Day*
la fête du cinéma	*movie festival*
la Fête du Travail (le 1er mai)	*French Labor Day*
la Fête Nationale (le 14 juillet)	*Bastille Day*
les fiançailles (f. pl.)	*engagement*
Mardi Gras	*Mardi Gras*
le mariage	*marriage*
Noël	*Christmas*
Nouvel An	*New Year's Day*
la Pâque	*Passover*
Pâques	*Easter*
Ramadan	*Ramadan*
la Saint Sylvestre	*New Year's Day*
la Saint Valentin	*Valentine's Day*

Le jour du Nouvel An, on donne des étrennes.	*On New Year's Day, we give gifts.*
J'adore les feux d'artifice du 14 juillet.	*I love the fireworks on Bastille Day.*
Nous célébrons Carnaval pendant trois jours.	*We celebrate Carnival for three days.*

Ils font des cartes de Saint Valentin.
Les pâtisseries font des œufs en chocolat
   pour Pâques.

They make Valentine's Day cards.
Pastry shops make chocolate eggs for Easter.

EXERCICE
5·1

***De quelle fête ou célébration parle-t-on?* What holiday or celebration are we talking about?** *For each sentence, write the type of celebration being described.*

1. On jette des confettis et il y a des bals masqués. _____

2. On achète des œufs en chocolat aux enfants. _____

3. C'est la fête de tous les travailleurs. _____

4. Papa et maman sont mariés depuis vingt ans aujourd'hui. _____

5. C'est le 14 février, la fête des amoureux. _____

6. C'est le 14 juillet, la fête de la Bastille. _____

7. On fait la fête aux mamans le premier dimanche de juin. _____

8. On va promettre de se marier à cette occasion. _____

9. On va jouer des films différents et intéressants tous les jours. _____

10. C'est le jour où un jeune garçon juif devient officiellement adulte. _____

Faire les honneurs chez soi ou sortir (Entertaining at home or going out)

Sometimes people enjoy inviting friends and family over for drinks, dinner, or a chat. Other times, people go out.

Chez soi (At home)

à la maison	*at home*
l'accueil (m.)	*welcome*
l'ami(e)	*friend*
l'apéritif (m.)	*aperitif, drink*
le barbecue	*barbecue*
la conversation	*conversation*
le dîner	*dinner*
les fleurs (f. pl.)	*flowers*
la musique	*musique*
le repas	*meal*
la télévision	*television*

Je sers l'apéritif avant le dîner.
La conversation est bonne entre amis.
Prépare une salade de pommes de terre!

I serve a drink before dinner.
The conversation is good between friends.
Prepare a potato salad!

À la télévision, on peut voir...	On television, you can see . . .
une chaîne	a channel
un documentaire	a documentary
une émission (f.)	a show
un feuilleton	a soap opera, series
un film	a film
un jeu	a game show
les nouvelles (f. pl.)	the news
une publicité	an advertisement

On joue un feuilleton américain à la télé.	They are showing an American soap on TV.
J'ai envie de voir un film d'amour.	I feel like seeing a romantic movie.

Sortir dîner (Eating out)

(à la) carte	(from the) menu
le bistrot	bistro
la boîte de nuit	nightclub
la brasserie	brasserie
le café	cafe
le connaisseur	connaisseur
la cuisine	cuisine
le gourmet	gourmet
le hors d'œuvre	appetizer
le menu	menu
le menu du jour	meal of the day
le plat du jour	special of the day
le plat principal	main dish
le pot, verre	drink
la présentation	introduction
la réservation	reservation
le restaurant	restaurant
le restaurant à trois étoiles	three-star restaurant
la soirée	party (elegant)
le souper	supper, dinner
la spécialité	specialty
la tenue de soirée	evening clothes
la tenue de ville	daytime dress clothes

J'adore la cuisine italienne.	I love Italian cuisine.
Veux-tu des escargots comme hors d'œuvre?	Do you want snails for an appetizer?
Rien de tel qu'un bon souper après le théâtre!	Nothing like a good supper after the theater!
Un restaurant à quatre étoiles! Fais des réservations!	A four-star restaurant! Make reservations!
La quiche est une spécialité de Lorraine.	Quiche is a specialty of the Lorraine region.

Note that the French term **le menu** has two meanings. It can be the content of a meal or a preset, fixed-price meal.

Je viens de composer le menu de notre dîner dimanche.	I just composed the menu for our Sunday dinner.
Le menu du jour comporte un hors d'œuvre et une entrée.	The menu of the day comprises an appetizer and an entrée.

Que font les Lafont ce soir? What are the Lafonts doing tonight? *Complete each sentence with an appropriate word from the list provided.*

réservation	barbecue	conversation	soirée	télévision
à la carte	à la maison	gourmet	tenue	sortir

1. George Lafont a envie de rester _____ ce soir.

2. Il voudrait faire quelques hamburgers cuits au _____.

3. Et ensuite il voudrait regarder un bon match de foot à la _____.

4. Sa femme Suzanne, elle a plutôt envie de _____.

5. Elle voudrait faire une _____ à un restaurant chic.

6. Comme cela elle va pouvoir mettre une _____ de soirée.

7. George est un vrai _____.

8. Il commande toujours _____ au restaurant.

9. Suzanne adore passer une bonne _____ avec George.

10. Mais ce soir on va faire la _____ avec quelques amis et manger des hamburgers chez soi.

Autres divertissements (Other entertainment)

For some people, other ways of spending leisure time include attending performances such as concerts and ballet or simply watching entertainment on the big screen.

le ballet	*ballet*
le casino	*casino*
le cinéma	*cinema*
le concert	*concert*
la course de chevaux	*horse race*
la discothèque	*disco*
l'émission (f.)	*show (radio/TV)*
le musée	*museum*
les nouvelles	*news*
l'opéra (m.)	*opera*
la pièce	*play (theater)*
la première	*premiere*
le récital	*recital*
la salle de concert	*concert hall*
la séance	*movie show*
le spectacle	*entertainment show*
le théâtre	*theater*

La salle de concert était bondée hier soir.	*The concert hall was full last night.*
Allons à la séance de vingt heures!	*Let's go to the eight o'clock show!*

Nous irons au casino de Monte Carlo.
Elle va en boîte tous les samedis.
Les Français parient sur les courses
   de chevaux.

We will go to the Monte Carlo casino.
She goes nightclubbing every Saturday.
French people bet on horse races.

EXERCICE
5·3

Que préférez-vous? What do you prefer? *Circle the letter of the answer that best completes each sentence.*

1. Je vais au restaurant pour manger le...

   a. souper   b. pot

2. Mon plat de viande favori, c'est...

   a. filet mignon   b. les spaghettis

3. Quand je suis invité(e) chez une amie, je lui donne...

   a. un pourboire   b. des fleurs

4. Mon dessert favori, c'est...

   a. un pot   b. une tarte

5. Avec le repas, je préfère...

   a. un verre de vin   b. du fromage

6. Je préfère aller dans un restaurant chic en...

   a. short   b. tenue de ville

7. Le samedi soir, je préfère aller danser dans...

   a. un bistrot   b. une boîte de nuit

8. Au restaurant, je préfère commander...

   a. à la carte   b. une carte

9. Chez moi, je préfère organiser... avec des saucisses et des chips.

   a. des barbecues   b. des soirées

10. Pour acheter un bon vin, je préfère demander...

   a. une connaissance   b. un connaisseur

11. Le soir, chez moi, je préfère... jazz.

   a. faire un souper   b. écouter la musique

12. Tous les soirs, je regarde... internationales à la télé.

   a. les films   b. les nouvelles

Les sports (Sports)

Another way to relax and enjoy free time is to engage in individual or team sports. The French have many favorite sports such as soccer, rugby, tennis, and bicycling.

Les sports individuels et d'équipe (Individual and team sports)

You will notice that many sports are English words adopted by the French.

l'aérobie (f.)	*aerobics*
le basket-ball, le basket	*basketball*
le football, le foot	*soccer*
le football américain	*football*
le footing	*running*
la gymnastique	*gymnastics*
le handball	*handball*
le hockey	*hockey*
le jogging	*jogging*
la marche	*walking*
la musculation	*weight lifting*
le patin à roulettes	*roller skate*
le patin à roulettes alignées, roller	*Rollerblade, in-line skate*
le rugby	*rugby*
le skateboard	*skateboard*
le volley-ball, le volley	*volleyball*

Les sports d'air et de terre (Air and land sports)

New types of sports endeavors like bungee jumping appear on the scene all the time. These add to a wide variety of already existing activities.

l'aviation (f.)	*aviation*
l'autocross (m.)	*automobile racing*
le bowling	*bowling (indoor)*
le cyclisme	*biking*
l'équitation (f.)	*horseback riding*
l'escalade (f.), l'alpinisme (m.)	*mountain climbing*
le golf	*golf*
le judo	*judo*
le karate	*karate*
la pétanque	*bowling (outdoor)*
le rallye	*rally, car racing*
la randonnée à cheval/à pied/en vélo	*outing on horse/on foot/on bike*
le saut à l'élastique	*bungee jumping*
le tennis	*tennis*
le vol libre	*skydiving*

La pétanque est un jeu de boules.	*Pétanque is a bowling game.*
Il a la ceinture noire en judo.	*He has a black belt in judo.*
Tiger Woods est un champion de golf.	*Tiger Woods is a golf champion.*
Il ne faut pas avoir le vertige en vol libre.	*You must not get dizzy in skydiving.*
Il y a un tournoi de tennis au stade Roland Garos.	*There is a tennis tournament at the Roland Garos stadium.*

EXERCICE 5·4

***Quel sport ou quel exercice est-ce?* What sport or exercise is it?** *For each description, write the appropriate sport from the previous lists.*

1. Un sport très aimé au Canada: _____

2. Un jeu de balle qu'on peut très bien jouer dans un gymnase: _____

3. Une sorte de football qu'on joue beaucoup en Angleterre: _____

4. On se sert de ses jambes; on parcourt une distance, mais on ne court pas: _____

5. On peut le faire dans la rue et il faut des chaussures avec des roulettes: _____

6. On marche, on saute et on fait des exercices au son de la musique: _____

7. Il y a un groupe de joueurs qui ne font que la défense et un autre groupe qui ne fait que l'attaque: _____

8. Il y a un gardien de but et on ne se sert que de ses pieds: _____

9. Il faut rester en équilibre sur une planche et avancer: _____

10. Il faut faire des exercices qui développent les muscles: _____

11. On jette des boules: _____

12. On se sert d'une raquette et de balles: _____

Les sports d'hiver (Winter sports)

Winter sports have always been popular in France, where many people make it a tradition to go to the mountains for a winter vacation. In an effort to give equal opportunities to children from disadvantaged families, schools take entire classes of children to the mountains (**les classes de neige**).

la descente	*downhill race*
le hockey sur glace	*ice hockey*
la luge	*luge*
le patin à glace	*ice skate*
le patinage artistique	*figure skating*
le patinage de vitesse	*speed skating*
le saut à ski	*ski jumping*
le ski alpin	*alpine skiing*
le ski de fond	*cross-country skiing*

Le saut à ski est devenu populaire ces dernières années.
Ski jumping has become popular in the last few years.

Le patinage artistique est un évènement majeur des Jeux Olympiques d'hiver.
Figure skating is a major event in the Winter Olympics.

Les Canadiens ont des équipes de hockey sensationnelles.
The Canadians have sensational hockey teams.

Les sports nautiques (Water sports)

New activities like kite surfing have appeared, enriching a wide variety of fun water sports and pastimes.

l'aviron (m.)	rowing
la brasse	breaststroke
le canoë	canoe
le crawl	front crawl
le Jet Ski	Jet Ski
le kayak	kayak
le kytesurf	kite surfing
la natation	swimming
le papillon	butterfly stroke
la pêche	fishing
la planche à voile	windsurfing
la plongée (sous-marine)	(underwater) diving
le ski nautique	waterskiing
le surf	surfing
la voile	sailing

Je préfère nager la brasse.	I prefer to swim the breaststroke.
Pas si près des yachts avec ton Jet Ski!	Not so close to the yachts with your Jet Ski!
La pêche récréative peut être une activité solitaire.	Recreational fishing can be a solitary activity.
Il faut savoir nager pour faire du kayak.	You have to know how to swim for kayaking.
La natation est un sport complet.	Swimming is a complete sport.

EXERCICE
5·5

Dans la neige, sur la glace ou dans l'eau? In the snow, on ice, or in the water? *Indicate whether a sport takes place in the snow (**N** for **neige**), on ice (**G** for **glace**), or in the water (**E** for **eau**).*

_____ 1. la natation

_____ 2. la voile

_____ 3. le patinage de vitesse

_____ 4. la pêche

_____ 5. la luge

_____ 6. le ski nautique

Shopping

Whether you are shopping for food, clothes, recreational items, or cars, some high-frequency nouns and phrases will be useful when you're conducting this type of activity. Items such as cars have specialized vocabulary. In this unit you will become familiar with vocabulary that helps you communicate concerning many types of purchases.

Les automobiles (Automobiles)

Most people will purchase several vehicles throughout their lives. Although the French generally rely more on mass transportation than Americans do, cars nevertheless play an important role in people's lives.

Les types d'automobile (Automobile types)

l'automobile, l'auto (f.)	automobile
la berline	limousine
le camion	truck
la camionnette	small truck
le camping-car	trailer
la caravane	mobile home
la Smart	Smart car
le véhicule particulier	private vehicle
le véhicule utilitaire	commercial vehicle
la vente aux enchères	auction sale
la voiture classique	classic car
la voiture d'occasion	used car
la voiture de collection	collector's car
la voiture de course, de sport	race, sports car
la voiture décapotable	convertible car
la voiture neuve	new car
la voiture de sport	sports car

Je peux garer ma petite Smart partout à Paris.	I can park my little Smart everywhere in Paris.
La ville de Paris a beaucoup de véhicules utilitaires pour nettoyer les rues.	The city of Paris has many commercial vehicles to clean the streets.
Les camions provoquent souvent des accidents.	Trucks often cause accidents.
Une voiture neuve est chouette mais plus chère.	A new car is cool, but more expensive.
Il a une voiture de sport décapotable.	He has a convertible sports car.

L'achat d'automobile (Buying a car)

A car purchase is no small affair, as it requires significant financing or funds and involves so many choices.

les assurances (f. pl.)	insurance
l'affaire (f.), la bonne affaire	deal, good deal
le carburant	fuel
la concession, le concessionnaire	dealership
le confort	comfort
le contrat d'entretien et de réparation	maintenance and repair warranty
le crédit	credit
l'entretien (m.)	maintenance
l'espace (m.)	van
les espèces (f. pl.)	cash
l'essai gratuit (m.)	test drive
le financement	financing
la garniture en bois	wood trim
la marque	make
le modèle	model
l'offre (f.) d'achat	purchase offer
les options (f. pl.)	options
la performance	performance
le prix d'achat	purchase price
la qualité	quality
au rabais	(at a) discount
la robustesse	sturdiness
la sécurité	security
en solde	(on) sale

Honda est ta marque préférée.	Honda is your favorite make.
Il y a des rapports annuels pour vérifier le degré de sécurité des voitures.	There are annual reports to verify the security quotient of cars.
On donne toujours des essais gratuits.	They always give free road tests.
En fin d'année les voitures sont en solde.	At the end of the year cars go on sale.

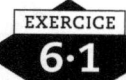

EXERCICE
6·1

Préparons-nous à acheter une voiture! Let's get ready to buy a car! *Circle the letter that best answers the question.*

1. Quel type d'automobile désire une famille avec quatre enfants?

   a. une espace   b. une petite voiture économique

2. Où achetez-vous une voiture d'occasion?

   a. à une vente aux enchères   b. à une exposition de voitures neuves

3. Comment paie-t-on le plus souvent une voiture très chère?

   a. à crédit   b. en espèces

4. Comment fonctionnent la plupart des voitures?

   a. au métal   b. au carburant

5. Qu'est-ce qui est le plus important pour vous?

    a. le prix d'achat   b. la sécurité

6. Quand on achète une voiture, qu'est-ce qu'on reçoit toujours?

    a. un rabais   b. un essai gratuit

Les accessoires pour automobiles (Automobile accessories)

To many people, the accessories that come with a car are almost as important as the basic car.

l'avertisseur de radar (m.)	*radar detector*
la garniture en bois	*wood trim*
le haut-parleur	*loudspeaker*
le lecteur de CD/DVD	*CD/DVD player*
le levier de vitesse	*stick shift*
le porte-skis	*ski rack*
le porte-vélos	*bicycle rack*
la radio	*radio*
le réhausseur-auto	*car booster seat*
le siège-auto	*(infant) car seat*
le siège en cuir	*leather seat*
le système anti-blocage de freins	*antilock braking system*
le système de navigation autonome	*independent navigational system*
le système GPS (de navigation globale)	*GPS (Global Positioning System)*
le tapis de sol	*floor mat*
le téléphone mains-libres	*hands-free telephone*

Où est le rehausseur-auto pour notre enfant?	*Where is the car booster seat for our child?*
Les voitures de course ont un levier de vitesse.	*Race cars have a stick shift.*
Remplace ce vieux tapis de sol!	*Replace this old floor mat!*
Elle est équipée de sièges en cuir.	*It is equipped with leather seats.*
Le lecteur de CD est indispensable.	*The CD player is indispensable.*
Ma nouvelle voiture aura un GPS.	*My new car will have a GPS.*

EXERCICE
6·2

Chez un concessionnaire de voitures neuves. At a new car dealership. *Match each question from the car salesman with an answer from the buyer to reconstruct the dialogue. Write the letter of each appropriate answer on the lines provided.*

_____ 1. Bonjour madame. Je suis à votre service.

_____ 2. Oui, madame. Je vais vous montrer plusieurs modèles. Ou est-ce que vous en préférez un en particulier?

_____ 3. D'accord. Je vais vous montrer une petite voiture tout confort à un prix modeste.

_____ 4. Mais oui, madame, une voiture qui ne consomme pas trop d'essence, avec un moteur robuste et des sièges confortables.

_____ 5. Ah madame, le cuir et le bois, ce ne sont pas des options bon marché.

_____ 6. Ah oui, madame. Je regrette.

_____ 7. Ah oui, naturellement, madame, toutes nos voitures sont équipées d'un excellent système de son.

_____ 8. Avec plaisir, madame. C'est cette jolie petite auto jaune là-bas.

a. Monsieur, je cherche une très, très bonne affaire. Vous comprenez?

b. Bon, pas de cuir ni de bois! Et un système de navigation autonome, c'est cher?

c. Bonjour monsieur. Je cherche une petite voiture économique mais puissante.

d. Montrez-moi donc cette petite merveille, monsieur!

e. Oh non. Vous savez, c'est surtout le prix qui est important.

f. Et un lecteur de CD alors?

g. Quoi? Jaune? Quelle horreur! Vous vous moquez de moi? Jamais de la vie!

h. C'est ça, avec des garnitures en bois.

Les pièces détachées (Automobile parts)

Many parts of the car have to be maintained and occasionally replaced or repaired. Here are some of those parts.

l'accélérateur (m.)	_gas pedal_
la batterie	_battery_
le capot	_hood_
la carrosserie	_chassis_
la ceinture de sécurité	_seat belt_
le changement de vitesses automatique	_automatic drive_
le clignotant	_blinker, turn signal_
la climatisation	_air conditioner_
le coffre	_trunk_
l'embrayage (m.)	_clutch_
l'essuie-glace (m.)	_windshield wiper_
le feu arrière/avant	_rear/front light_
le frein (à main)	_(hand)brake_
le klaxon	_horn_
le miroir	_mirror_
le moteur	_engine_
le pare-brise	_windshield_
le pare-chocs	_bumper_
le phare	_headlight_
la plaque d'immatriculation	_license plate_
la portière	_door_
le radiateur	_radiator_
le réservoir	_gas tank_
le rétroviseur	_rearview mirror_
le siège	_seat_
le tableau de bord	_dashboard_

la transmission automatique	transmission gear
la vitre	window
le volant	steering wheel

Mon siège est taché.	My seat is stained.
Ton phare droit ne marche pas.	Your right headlight does not work.
La portière grince.	The door creaks.
Il a perdu sa plaque d'immatriculation.	He lost his license plate.
Mon accélérateur fait un drôle de bruit.	My gas pedal makes a funny noise.
Tourne le miroir.	Turn the mirror.
Tu as une bosse dans le capot.	You have a dent in your hood.
Mon pare-brise est cassé.	My windshield is broken.
Le rétroviseur est mal placé.	The rearview mirror is badly positioned.

EXERCICE 6·3

***Contrat d'entretien.* Maintenance contract.** *You are a car dealership owner offering warranties to your customers. Write **oui** if you do cover the item or **non** if you do not.*

_____ 1. le réservoir

_____ 2. la transmission automatique

_____ 3. l'embrayage

_____ 4. la climatisation

_____ 5. le moteur

_____ 6. la carosserie

_____ 7. les tapis de sol

_____ 8. les sièges

_____ 9. le pare-brise

_____ 10. le rehausseur-auto

_____ 11. le lecteur de DVD

_____ 12. le système de navigation

_____ 13. l'indicateur de vitesse

_____ 14. l'accélérateur

_____ 15. le porte-vélo

EXERCICE

6·4

En avez-vous besoin ou non? Do you need it or not? *Place a check mark (√) next to car parts or accessories that are absolutely necessary in any car.*

———— 1. le levier de vitesse

———— 2. le volant

———— 3. le frein à main

———— 4. le siège en cuir

———— 5. le miroir

———— 6. le téléphone mains-libres

———— 7. le coffre

———— 8. le clignotant

———— 9. le porte-skis

———— 10. le rétroviseur

Les vêtements, les bijoux, les produits de beauté et les accessoires multimédia (Clothes, jewelry, cosmetics, and multimedia accessories)

Buying clothes, jewelry, cosmetics, and multimedia accessories plays a significant role in people's lives and enhances the quality of life.

Les vêtements (Clothes)

Clothes are important. They reflect a person's personality and originality. French women are known for having a flair for those small accessories that give a unique and personal look.

le bas	*stocking*
le blouson en cuir	*leather jacket*
les bottes (f. pl.)	*boots*
la ceinture	*belt*
les chaussettes (f. pl.)	*socks*
les chaussures (f. pl.)	*shoes*
la chemise de nuit	*nightgown*
la chemise	*men's shirt*
le chemisier	*women's shirt*
le costume	*men's suit*
la cravate	*tie*
l'écharpe (f.)	*scarf (winter)*
le foulard, le fichu	*scarf*
le gant	*glove*
l'imperméable (m.), le pardessus	*raincoat*
le jean	*jeans*
le jogging	*jogging suit*

la jupe	*skirt*
les lacets (m. pl.)	*shoelaces*
le maillot (de bain)	*bathing suit*
le manteau	*coat*
le pantalon	*pants*
les pantoufles (f. pl.)	*slippers*
le pull, le pull-over	*sweater*
le pyjama	*pajama*
le sac à main	*purse*
les sandales (f. pl.)	*sandals*
le short	*shorts*
les souliers (m. pl.)	*shoes (children)*
les sous-vêtements (m. pl.)	*underwear*
le sweat	*sweat suit*
le tailleur	*women's suit*
les tennis, les baskets (m. pl.)	*sneakers*
le T-shirt	*T-shirt*
la veste	*vest, jacket*

Il te faut un manteau d'hiver.	*You need a winter coat.*
Noue les lacets de tes baskets!	*Tie the laces on your tennis shoes!*
Ce pyjama est si doux.	*These pajamas are so soft.*
Je ne porte que des sandales pendant l'été.	*I only wear sandals during the summer.*
Ce tailleur te donne un look professionnel.	*This suit gives you a professional look.*
Tes chaussettes jaunes vont bien avec ça.	*Your yellow socks go well with this.*
J'aime les chemises de nuit en soie.	*I like silk nightgowns.*
Papa porte toujours une cravate.	*Dad always wears a tie.*

EXERCICE

6·5

Que porter dans ces conditions? What to wear in these conditions? *Choose the appropriate item for each of the following descriptions, and write the corresponding letter on the lines provided.*

1. _____ Pour faire du jogging

a. le sweat   b. le tailleur

2. _____ Pour jouer au tennis

a. le short   b. le blouson

3. _____ Pour aller à la piscine

a. les pantoufles   b. le maillot de bain

4. _____ Pour aller au lit

a. le pyjama   b. les souliers

5. _____ Quand il fait froid

a. le T-shirt   b. le manteau

6. _____ Pour aller à une soirée

   a. les souliers   b. les baskets

7. _____ Pour serrer le pantalon

   a. le sac à main   b. la ceinture

8. _____ Pour jouer dans la neige

   a. les sous-vêtements   b. les gants

9. _____ Pour aller au bureau

   a. la chemise de nuit   b. la jupe

10. _____ Quand il pleut

   a. les sandales   b. les bottes

Les bijoux (Jewelry)

A piece of jewelry is another one of those accessories that complete a look.

l'alliance (f.)	*wedding ring*
l'anneau (m.), la bague	*ring*
le bijou, les bijoux	*jewel, jewels*
la boucle d'oreille	*earring*
le bracelet	*bracelet*
la broche	*brooch*
la chaîne	*chain, necklace*
le collier	*necklace*
le diamant	*diamond*
la médaille	*medallion*
la montre	*watch*
le pendentif	*pendant*
la perle	*pearl*
le rubis	*ruby*

J'aime les chaînes en or.	*I like gold chains.*
Toi, tu aimes les boucles d'oreille en argent.	*You like silver earrings.*
Je voudrais une bague de diamants.	*I would like a diamond ring.*
Quel magnifique collier de perles!	*What a magnificent pearl necklace!*
Il a acheté la bague de fiançailles.	*He bought the engagement ring.*

Les produits de beauté (Cosmetics)

The French have a long tradition of renowned cosmetic lines such as Cartier and Chanel.

la base	foundation
la brosse à dents	toothbrush
le crayon cils	eyebrow pencil
le crayon yeux	eyeliner
la crème épilatoire	waxing cream
le dentifrice	toothpaste

le fard à paupières	eye shadow
le gel coiffant	styling gel
les lames de rasoir (f. pl.)	razor blades
la laque	hair spray
le médicament	medication
la pince à épiler	tweezers
la poudre	powder
les produits de beauté (m.pl)	cosmetics
le rimmel	mascara
le rouge	blush
le rouge à lèvres	lipstick
le savon	soap
la teinture à cheveux	hair color
le vernis à ongles	nail polish

Je me mets du fard à paupières et du rimmel.	I put on eye shadow and mascara.
La coiffeuse se sert de laque.	The hairdresser uses hair spray.
Je n'ai plus de dentifrice.	I do not have any toothpaste left.
Je vais m'acheter un autre rouge à lèvres.	I am going to buy another lipstick.
Mon rimmel coule quand j'ai chaud.	My mascara runs when I am hot.
Laisse-moi mettre un peu de rouge!	Let me apply a little blush!

Les accessoires multimédia (Multimedia accessories)

In an increasingly technological world, communication and entertainment are more and more intertwined.

l'appareil de photo (numérique) (m.)	*(digital) camera*
le baladeur audio-video/CD	*handheld audio/video or CD player*
la chaîne stéréo	*sound system*
le DVD	*DVD*
l'écran (m.), le grand écran	*screen, big screen*
l'imprimante (f.)	*printer*
l'iPod (m.)	*iPod*
les jeux vidéo (m. pl.)	*video games*
le lecteur de DVD/CD	*DVD/CD player*
le logiciel	*software*
les lunettes MP3 (f. pl.)	*MP3 player*
le magnétoscope	*video player*
l'ordinateur (portable) (m.)	*(laptop) computer*
le téléphone (portable, cellulaire)	*(cellular) phone*
la télévision	*television*

Ma voiture est équipée d'un lecteur de CD.	*My car is equipped with a CD player.*
Les magnétoscopes sont remplacés par des lecteurs de DVD.	*Video players are being replaced by DVD players.*
Tout le monde a un téléphone cellulaire.	*Everyone has a cell phone.*
Mon appareil de photo numérique a une mémoire gigantesque.	*My digital camera has a huge memory.*

Lequel ne trouverez-vous pas dans ce magasin? **Which one will you not find in that store?** *For each respective department or store, write the letter of the object that you* **will not** *find there.*

_____ 1. Au rayon des articles multimédia:

a. le rimmel   b. l'ordinateur

_____ 2. Au rayon des articles multimédia:

a. le baladeur CD   b. le rouge

_____ 3. Au rayon des produits de beauté:

a. le crayon yeux   b. la montre

_____ 4. Au rayon des produits de beauté:

a. le gel coiffant   b. l'écran

_____ 5. Au rayon des produits de beauté:

a. le logiciel   b. la crème épilatoire

_____ 6. Au rayon des bijoux:

a. le collier   b. les jeux vidéo

_____ 7. Dans une boutique de vêtements de femme:

a. une jupe   b. une cravate

_____ 8. Dans une boutique de vêtements de femme:

a. un iPod   b. un pantalon

_____ 9. Dans une boutique de vêtements d'homme:

a. une chemise de nuit   b. des chaussettes

_____ 10. Dans une boutique de vêtements d'homme:

a. le vernis à ongles   b. le costume

Les provisions (Groceries)

Grocery shopping also plays a significant role in people's lives. It is always a need; it may be a pleasure for the gourmet cook.

À l'épicerie ou au supermarché (At the grocery store or at the supermarket)

Here is a list of foods that people commonly buy on a weekly grocery shopping errand.

le beurre	*butter*
la bière	*beer*

le café (glacé)	(ice) coffee
les céréales (f. pl.)	cereal
la confiture	jam
l'eau minérale (f.)	mineral water
les épices (f. pl.)	spices
la glace	ice cream
l'huile (f.)	oil
le jus	juice
le lait (au chocolat)	(chocolate) milk
le lait dégraissé	fat-free milk
la limonade	lemonade
la margarine	margarine
la mayonnaise	mayonnaise
les œufs (m. pl.)	eggs
le poivre	pepper
le sel	salt
le soda	soda
le thé (glacé)	(ice) tea
la tisane	herbal tea
le vin	wine
le vinaigre	vinegar
le yaourt	yogurt

On boit du thé glacé en été.	We drink ice tea during the summer.
Tu bois trop de soda, Françoise!	You drink too much soda, Françoise!
Ne mets pas trop de sel dans la soupe!	Do not put too much salt into the soup!
L'Alsace produit une très bonne bière.	Alsace produces a very good beer.
Je bois une tisane chaque soir.	I drink herbal tea every night.

À la boulangerie ou à la pâtisserie (At the bakery or at the pastry shop)

Breads and pastries are best when bought and eaten fresh. An authentic baguette does not contain preservatives and gets hard very quickly.

le baba au rhum	rum cake
la baguette	baguette
le chausson aux pommes	apple pastry
le croissant	croissant
l'éclair (au chocolat) (m.)	(chocolate) eclair
le gâteau	cake
le petit gâteau	cookie
le pain	bread
le petit pain	roll
le petit pain au chocolat	chocolate croissant
la tarte aux fruits	fruit tart

Les Français ne mangent pas de croissants tous les jours.	French people do not eat croissants every day.
J'aime un petit gâteau sec avec mon café.	I like a cookie with my coffee.
On mange de la baguette à tous les repas.	We eat baguette with every meal.
Ce pain est délicieux.	This bread is delicious.
Coupe-moi une part de tarte aux fruits!	Cut me a slice of fruit tart!

À la boucherie et à la charcuterie (At the butcher and at the deli shop)

Many butcher shops are also delis.

l'agneau (m.)	*lamb*
le bifteck	*steak*
la charcuterie	*cold cuts*
la côtelette	*chop*
la dinde	*turkey*
le gigot	*lamb roast*
le jambon	*ham*
le pâté	*pâté*
le porc	*pork*
le poulet	*chicken*
le rosbif	*roast beef*
le salami	*salami*
la saucisse	*sausage*
la viande	*meat*

Un sandwich au jambon, s'il vous plaît!	*A ham sandwich, please!*
Un kilo de rosbif!	*A kilo of roast beef!*
Cinq cents grammes de dinde!	*Five hundred grams of turkey!*
Un gigot pour cinq personnes!	*A lamb roast for five people!*
Ils ne mangent pas de porc.	*They do not eat pork.*

EXERCICE
6·7

***Dans quel magasin irez-vous?* To which store will you go?** *For each food item, write* **BP** *for boulangerie/pâtisserie,* **BC** *for boucherie/charcuterie, or* **E** *for épicerie.*

_____ 1. le lait

_____ 2. le baba au rhum

_____ 3. le croissant

_____ 4. le porc

_____ 5. la limonade

_____ 6. la tarte aux fruits

_____ 7. l'agneau

_____ 8. le jambon

Les meubles et les appareils ménagers (Furniture and household appliances)

Furniture, room accessories, and home appliances are essential and instrumental in adding comfort to our lives.

Les meubles (Furnishings)

l'armoire (f.)	armoire, chest
le bureau	desk
le canapé	couch
la chaise	chair
le chandelier	chandelier
la commode	chest of drawers
le divan	couch
l'étagère (f.)	shelf
le fauteuil	armchair
la glace	mirror
la lampe	lamp
le lit	bed
le meuble	piece of furniture
le miroir	(small) mirror
la moquette	carpeting
le placard	closet
le sofa	couch
la table	table
la table de nuit/de chevet	night table
le tableau	painting
le tapis	rug
le vase	vase

Cette commode est du style Louis XVI.	This chest is in the style of Louis XVI.
Ce vase est bien sur cette étagère.	This vase looks good on that shelf.
Le tableau n'est pas droit.	The painting is not hanging straight.
Mettez la lampe sur ma table de chevet!	Put the lamp on my night table!
Ce canapé est en cuir.	This couch is made out of leather.
Ce tapis persan est pour le salon.	This Persian rug is for the living room.

Les articles de ménage (Household items)

Here are some frequently used terms for various household items as well as small and large appliances.

l'appareil ménager (m.)	household appliance
l'aspirateur (m.)	vacuum cleaner
le balai	broom
le batteur, le mixer	mixer
la cafetière	coffeemaker
la cuisinière	stove
le fer à repasser	iron
le four	oven
le lavabo	sink
le lave-vaisselle	dishwasher
la machine à laver	washing machine
le micro-onde	microwave

la planche à repasser	ironing board
la poubelle	garbage can
le rasoir	razor
le réfrigérateur, le frigo	refrigerator, fridge
le rideau	curtain
le sèche-cheveux	hair dryer
le sèche-linge	dryer
la vaisselle	dishes
le vide-ordures	trash compactor

Ce sèche-cheveux ne marche plus.	This hair dryer does not work anymore.
Il me faut de nouvelles piles pour mon rasoir.	I need new batteries for my razor.
Le balai est dans le placard.	The broom is in the closet.
Je vais allumer la machine à laver.	I am going to turn on the washing machine.
Mets la vaisselle sale dans le lave-vaisselle!	Put the dirty dishes into the dishwasher!
Le poulet est au four.	The chicken is in the oven.
Baisse la temperature dans le frigo!	Lower the temperature in the fridge!

EXERCICE 6·8

Lesquels avez-vous dans votre chambre à coucher? **Which ones do you have in your bedroom?** *Place a check mark (√) next to the items that you could find in a bedroom.*

_____ 1. le tapis

_____ 2. le rideau

_____ 3. le sofa

_____ 4. la lampe

_____ 5. le lit

_____ 6. le lavabo

_____ 7. la chaise

_____ 8. le tableau

_____ 9. la glace

_____ 10. l'armoire

_____ 11. la table de chevet

_____ 12. la commode

_____ 13. le placard

_____ 14. le bureau

_____ 15. l'étagère

Quel mot n'est pas à sa place? Which word does not belong? *Circle the letter of the word that does not fit in each series.*

1. a. l'étagère   b. la cave   c. le grenier

2. a. la vaisselle   b. le lit   c. l'armoire

3. a. la glace   b. le miroir   c. le placard

4. a. le chandelier   b. la lampe   c. le bureau

5. a. la planche à repasser b. le rideau   c. la table

6. a. la moquette   b. le tapis   c. le volet

7. a. l'aspirateur   b. le four   c. le frigo

8. a. la poubelle   b. la vaisselle   c. le vide-ordures

9. a. le meuble   b. le fauteuil   c. le micro-onde

10. a. l'aspirateur   b. la cafetière   c. le balai

Travel

People travel for different reasons and in many different ways. Travel involves preparation. In addition, domestic and international travel require specialized vocabulary. In this unit, you will learn nouns that serve to communicate on these topics.

Les voyages (Trips)

Here are some frequently used terms for trips.

la croisière	*cruise*
l'excursion (f.)	*excursion*
les vacances (f. pl.)	*vacation trip*
le vélotourisme	*bicycle trip*
le voyage à forfait	*package tour*
le voyage à l'étranger	*travel abroad*
le voyage d'affaires	*business trip*
le voyage d'agrément	*pleasure trip*
le voyage organisé/guidé	*guided trip*

Cet homme d'affaires voyage à l'étranger.	*This businessman travels abroad.*
Le vélotourisme est très populaire en France en été.	*Bicycle trips are very popular in France in the summer.*
Dans un voyage organisé, on suit le guide.	*On an organized trip, you follow the guide.*

Les préparatifs (Preparations)

Here are some frequently used terms for discussing travel preparations.

l'agence de location de voiture (f.)	*car rental agency*
l'agence de voyage (f.)	*travel agency*
l'agent de voyage (m.)	*travel agent*
l'aller et retour (m.)	*two-way ticket*
l'aller simple (m.)	*one-way ticket*
le billet, le ticket	*ticket*
le billet nonremboursable	*nonrefundable ticket*
le bon d'échange	*voucher*
le chèque de voyage	*traveler's check*
la destination	*destination*
le guide	*guide*
le guide touristique	*travel guide*

l'horaire (m.)	schedule
le plan de la ville	city map
le point de départ	departure point
les préparatifs (m. pl.)	preparation
le projet (de voyage)	(travel) plan
la promotion	promotion
le prospectus, le dépliant, la brochure	brochure
le renseignement	information
la réservation	booking (a flight, a room)
le séjour	stay
le site	site
le syndicat d'initiative	tourist office
le tarif	fare
le tour de ville	city package
le tourisme, l'office du tourisme	tourism, tourist office
la valise	suitcase

L'office du tourisme donne des renseignements.	The tourist office provides information.
Il faut faire les réservations de vol.	Flight reservations need to be made.
Renseignez-vous sur les horaires de train.	Inform yourself about train schedules.
Il faut choisir les sites à visiter.	You have to choose the sites to visit.
Les aller et retour en train ne sont pas chers.	Round-trips on the train are not expensive.

EXERCICE 7·1

Des projets de vacances! **Summer plans!** *Find the replies that Yvonne would give to Jean-Marc, to reconstruct their conversation about summer plans. Write the letter of each reply on the lines provided.*

_____ 1. Dis, Yvonne, si on écrivait au syndicat d'initiative de Carcassonne?

_____ 2. Pour obtenir des renseignements sur la région et sur la ville puisqu'on y va dans un mois.

_____ 3. Oui, certainement! Et il faut aussi s'occuper de la location d'une voiture.

_____ 4. Et pourquoi pas une berline, Yvonne?

_____ 5. Écoute, Yvonne, on va avoir de grosses dépenses entre l'avion, la voiture et l'hôtel.

_____ 6. Dis, l'hôtel ne m'a pas envoyé de confirmation.

_____ 7. Oui, je vais y passer et chercher des brochures en même temps.

_____ 8. Oui, pendant notre séjour en France, on pourra voir beaucoup de sites et de monuments historiques.

_____ 9. Je crois qu'il y a un plan dans notre guide touristique.

_____ 10. Et les horaires des autobus. Je ne veux pas toujours utiliser la voiture.

_____ 11. Oui, il y a encore beaucoup de préparatifs à faire. Dis, Yvonne, où sont nos passeports?

_____ 12. Et finalement, il nous faut aussi des euros.

a. Tu as raison. On a encore des préparatifs avant de réaliser nos projets, mon cher Jean-Marc!

b. Oui, mais on ne va pas en vacances en France très souvent.

c. Je veux faire un tour de la ville dès notre arrivée; alors demande s'ils ont un plan de la ville de Carcassonne.

d. Demande aussi s'ils ont des coupons promotionnels pour les restaurants.

e. Tu te moques de moi. J'aime les voitures confortables, c'est tout.

f. Bien! Il va sûrement y avoir des sites à visiter.

g. Ils sont dans la valise noire.

h. Contacte l'agence de voyage alors!

i. Essaie de trouver une espace bon marché. Ce sera plus confortable.

j. Les autobus? D'abord il faut acheter les billets d'avion.

k. Des euros, j'en ai encore de notre dernier voyage.

l. Pourquoi, Jean-Marc?

Les voyages à l'étranger (Travel abroad)

Travel abroad involves passports, customs, possibly a change in currency, and vaccination certificates.

l'achat hors-taxe (m.)	duty free
le bureau de change	currency exhange office
le carnet de santé	immunization records
la devise	currency
la douane	customs
(à) l'étranger	abroad
l'euro (m.)	euro
la frontière	border
le passeport	passport
le taux du change	exchange rate
la taxe	duty
la vaccination	immunization
le visa	visa

J'aime faire des achats hors-taxe.	I like to make duty-free purchases.
Je dois passer par la douane.	I have to go through customs.
Il faut que j'achète des euros.	I have to buy euros.
Le taux du change varie.	The rate of exchange varies.

Que faites-vous dans les cas suivants? What do you do in the following cases?
Complete each sentence with a word from the previous list.

1. Pour aller de ma maison au parc, je prends mon _____ .

2. Les Cubains ont besoin d'un _____ pour venir aux États-Unis.

3. Nous allons faire une croisière aux Bahamas sur un grand _____

4. À Paris, le meilleur moyen de se déplacer est en _____ .

5. Pour aller de France en Espagne, il vaut mieux prendre le _____ . C'est plus rapide que la voiture.

6. Pour payer mes achats en Europe, il me faut des _____ .

7. À la frontière mexicaine, il faut montrer son _____ .

8. Dans les boutiques de l'aéroport Charles de Gaulle, un Américain peut faire des achats _____ .

Les transports (Transportation)

While traveling, people often use several types of transportation. In Europe mass transportation (such as trains and subways) is usually inexpensive, efficient, and reliable.

l'auto, automobile (f.)	*automobile*
l'autobus (m.), le bus	*bus*
l'autocar (m.), le car	*bus (long distance)*
l'avion (m.)	*plane*
le bateau	*boat*
la bicyclette	*bicycle*
l'espace (m.)	*van*
le métro	*subway*
la motocyclette, la moto	*motorcycle*
les moyens de transport (m. pl.)	*means of transportation*
la promenade en voiture	*car ride*
le TGV (train à grande vitesse)	*high-speed train*
le train	*train*
le trajet en autobus	*bus ride*
les transports en commun (m. pl.)	*public transportation*
le véhicule	*vehicle*
le vélo	*bike*
la voiture	*car*

Nous allons louer un espace.	*We are going to rent a van.*
Les bus ne sont pas chers à Paris.	*Buses are not expensive in Paris.*
Le métro est formidable à Paris.	*The subway is great in Paris.*

To go express *by plane*, *by train*, *by boat*, *by car*, *by subway*, *by motorcycle*, or *by bicycle*, use the preposition **en** before **avion**, **train**, and so on.

Je vais en Californie **en** voiture, mais je vais aux Antilles **en** bateau.	*I am going to California **by** car, but I am going to the Caribbean **by** boat.*

Les voyages en voiture (Road trips)

It is very common for people to travel by car for work, business, and pleasure.

l'amende (f.)	*ticket, fine*
l'avertissement (m.)	*warning*
la carte, le plan	*map*
le code de la route	*driving rules*
le coffre	*trunk*
le conducteur, le chauffeur	*driver*
le dépannage	*repairs*
la dépanneuse	*tow truck*
l'essence (f.)	*gas*
l'excès de vitesse (m.)	*speeding*
la location	*rental*
le mécanicien, la mécanicienne	*mechanic*
la panne	*breakdown*
le passager, la passagère	*passenger*
le permis de conduire	*driver's license*
le plein (faire)	*to fill up*
le pneu (crevé)	*(flat) tire*
la pompe	*pump*
la roue	*wheel*
la roue de secours	*spare tire*
la station-service	*gas station*
le tarif journalier, hebdomadaire, mensuel	*daily, weekly, monthly rate*
la vitesse	*speed*

Tu as le permis de conduire?	*Do you have a driver's license?*
Le prix de l'essence est stable actuellement.	*The price of gas is currently stable.*
Regarde la carte routière!	*Look at the road map!*
Tu as eu une amende pour excès de vitesse?	*You got a fine for speeding?*
Où est la roue de secours? J'ai un pneu crevé.	*Where is the spare tire? I have a flat.*
On peut appeler la dépanneuse.	*We can call the tow truck.*
Il vaut mieux prendre une voiture de location.	*It is better to take a rental car.*

La circulation et les routes (Traffic and roads)

While travel by car can be very pleasant on quiet roads, it can also be stressful in heavy traffic.

l'accident (m.)	*accident*
l'agent de la circulation (m.)	*traffic policeman*
l'autoroute (f.)	*highway*
le bouchon, l'embouteillage (m.)	*traffic jam*
le changement de voie	*lane change*
la circulation	*traffic*
le coin	*corner*
le demi-tour	*U-turn*
le détour, la déviation	*detour*
le feu, les feux	*traffic light(s)*
le parcomètre	*parking meter*

le parking, le stationnement	*parking*
le passage à piétons	*pedestrian crossing*
le péage	*toll*
la pente	*hill*
la queue de poisson	*cut off*
le rond-point	*circle (roundabout)*
la route	*road*
la route à péage (f.)	*turnpike, toll road*
la rue	*street*
le quartier	*block*
le sens unique	*one-way*
la signalisation routière	*road signs*
le trottoir	*sidewalk*
le virage	*curve*
la voie	*lane*

Le panneau annonce des bouchons.	*The sign announces traffic jams.*
Cela ira mieux sur l'autoroute.	*It will be better on the highway.*
Tu as vu cette queue de poisson?	*Did you see how he cut me off?*
La prochaine rue est à sens unique.	*The next street is a one-way street.*
Le rond-point nous oblige à ralentir.	*The circle forces us to slow down.*
Fais demi-tour! Tu as raté la sortie.	*Turn around! You missed the exit.*
Au feu il faut tourner à gauche.	*At the light you have to turn left.*

EXERCICE
7·3

Qu'est-ce que c'est? **What is it?** *Find the correct translation for each French word, and write the letter of each answer on the lines provided.*

_____ 1. la roue	a. circle
_____ 2. le pneu	b. curve
_____ 3. la panne	c. full tank
_____ 4. la pompe	d. sidewalk
_____ 5. l'essence	e. tire
_____ 6. le trottoir	f. wheel
_____ 7. le quartier	g. traffic jam
_____ 8. le parcomètre	h. monthly rate
_____ 9. le virage	i. street
_____ 10. la roue de secours	j. breakdown
_____ 11. le plein	k. pump
_____ 12. l'excès de vitesse	l. lane
_____ 13. la voie	m. neighborhood
_____ 14. la signalisation	n. signal
_____ 15. le feu	o. gas

_____ 16. le bouchon		p. speeding
_____ 17. le permis de conduire		q. parking meter
_____ 18. le rond-point		r. driver's license
_____ 19. le tarif mensuel		s. traffic light
_____ 20. la rue		t. spare tire

Les voyages en avion (Air travel)

This topic requires the knowledge of specific nouns like *boarding pass* or *check-in*. In addition, special terms apply to preboarding a plane, being on the plane, and deplaning.

L'enregistrement à l'aéroport (Airport check-in)

Airport check-in procedures have become much more stringent in the last few years.

l'aéroport (m.)	*airport*
l'agent de l'enregistrement (m.)	*ticket agent*
l'annulation (f.)	*cancellation*
le bagage à main	*hand luggage*
les bagages (m. pl.)	*luggage*
la carte d'embarquement	*boarding pass*
le changement d'itinéraire	*rerouting*
la classe (économie, affaires)	*(coach, business) class*
le comptoir de l'enregistrement	*check-in desk*
le contrôle de sécurité	*security check*
le décollage	*takeoff*
le départ	*departure*
l'embarquement (m.)	*boarding*
l'enregistrement (m.)	*check-in*
l'escale (f.)	*stopover*
(à) l'heure (f.)	*(on) time*
la liste d'attente	*standby list*
les mesures de sûreté (f. pl.)	*safety measures*
la navette gratuite	*courtesy shuttle*
le point de départ	*departure point, origin*
la porte d'embarquement	*boarding gate*
la réclamation	*complaint*
le surclassement	*upgrade*
la surréservation	*overbooking*
le terminal	*terminal*
la valise	*suitcase*
le vol (direct, sans escale)	*(direct, nonstop) flight*
le vol domestique/international	*domestic/international flight*

Tu rates ton vol si tu n'arrives pas à l'heure.	*You miss your flight if you do not arrive on time.*
La navette va à l'autre terminal.	*The shuttle goes to the other terminal.*
Vous faites l'enregistrement des bagages.	*You check your luggage.*
Vous prenez votre carte d'embarquement.	*You take your boarding pass.*
Vous passez la sécurité.	*You go through security.*

Vous allez à la porte d'embarquement.	You go to the boarding gate.
Vous demandez un surclassement.	You ask for an upgrade.
On vous met sur la liste d'attente.	They put you on a waiting list.

***Comment se prépare-t-on à prendre l'avion?* How does one prepare to board a plane?** *Complete each sentence with the appropriate word from the previous list.*

1. Il faut arriver _____ à l'aéroport pour ne pas rater l'avion.

2. Pour voyager plus confortablement, on peut demander un _____.

3. Il vaut mieux enregistrer ses _____.

4. Mais n'oublions pas d'attacher une _____ avec votre nom.

5. On peut garder un _____ avec soi quand on monte dans l'avion.

6. Il ne faut pas demander un changement d'_____ à la dernière minute.

7. Un vol direct est plus rapide parce qu'on ne fait pas _____.

8. La classe économie est moins chère que la classe _____.

9. Les passagers qui veulent avancer l'heure de leur vol peuvent demander à être sur la liste _____.

10. On attend le départ du vol à la _____.

Dans l'avion (On the plane)

Here are some useful terms to discuss what is found and what happens on a plane.

l'air conditionné (m.)	air-conditioning
l'allée centrale (f.)	aisle
l'avion (m.)	aircraft
la cabine	cabin
la cabine de pilotage	cockpit
la ceinture de sécurité	seat belt
le coffre à bagage	overhead compartment
le/la copilote	copilot
les écouteurs (m. pl.)	headset
l'équipage (m.)	crew
la fenêtre, le hublot	window
le gilet de sauvetage	life jacket
le mal de l'air	air sickness
le masque à oxygène	oxygen mask
l'oreiller (m.)	pillow
le/la pilote	pilot
la place	seat
le plat végétarien	vegetarian meal
le service bar	beverage service
le service repas	meal service
le somme	nap

la sortie (de secours)	(emergency) exit
le steward, l'hôtesse de l'air (f.)	flight attendant
les toilettes (f. pl.)	lavatory
la turbulence	turbulence

Le pilote ne sort jamais de la cabine de pilotage.	The pilot never leaves the cockpit.
Mon siège est dans l'allée centrale.	My seat is in the aisle.
Je mets ma ceinture de sécurité.	I put on my seat belt.
L'hôtesse explique les mesures de sécurité.	The flight attendant explains the security measures.
Elle nous montre les sorties de secours.	She shows us the emergency exits.
Je commande un plat végétarien.	I order a vegetarian meal.
Je fais un somme.	I take a nap.

EXERCICE
7·5

Quel passager difficile! **What a difficult passenger!** *Find the responses that the flight attendant gives to the demands of this difficult passenger. Write the letter of the correct response next to each demand.*

_____ 1. Où sont les toilettes s'il vous plaît?

_____ 2. Je n'aime pas être assis à côté de la sortie de secours.

_____ 3. J'ai très faim et soif.

_____ 4. Je voudrais faire un petit somme.

_____ 5. Je ne mange pas de viande.

_____ 6. Ces turbulences me rendent malade.

_____ 7. Je voudrais écouter de la musique.

_____ 8. Je déteste passer beaucoup de temps assis dans un avion.

_____ 9. J'ai vraiment trop chaud.

_____ 10. Je veux une vue.

a. Voilà quelques cacahuètes et une bouteille d'eau.

b. J'arrive avec des écouteurs.

c. L'air conditionné marchera mieux une fois que nous serons partis.

d. Alors, je vous donne un plat végétarien.

e. Mais vous avez un hublot tout près de vous.

f. À l'arrière de l'avion, monsieur.

g. La durée de ce vol est très courte.

h. Vous avez besoin d'oxygène.

i. Voici une couverture et un oreiller.

j. Alors, prenez cette place près de la cabine de pilotage.

Le débarquement à l'aéroport (Deplaning at the airport)

Here are a few useful terms for the arrival of a flight at its destination.

l'accueil (m.)	reception
l'arrivée (f.)	arrival
l'atterrissage (m.) (forcé)	(emergency) landing
la destination	destination
le décalage horaire	time difference
le fuseau horaire	time zone
les objets trouvés (m. pl.)	lost and found
le retard	delay
la sortie des bagages	baggage claim
le trouble dû au décalage horaire	jet lag

On voyage d'un fuseau horaire à un autre.	We travel from one time zone to another.
Alors on souffre un peu du décalage horaire.	So we suffer a little from jet lag.
L'atterrissage est normal, tout est bien.	The landing is normal; all is well.
Cherchons nos bagages à la sortie des bagages.	Let's get our luggage at the baggage claim.

<table>
<tr><td>EXERCICE
7·6</td></tr>
</table>

À bord! **On board!** *Complete each sentence with an appropriate word or phrase from the previous lists.*

1. Dax arrive à l'_____ de Boston à 19h.

2. Il va à l'_____ et donne ses valises à l'employé.

3. Il garde sur lui son _____ et son ordinateur.

4. Puis il passe à la _____.

5. Il montre sa _____ à un autre employé.

6. Quand il arrive à _____ d'embarquement, il apprend qu'il y a surréservation.

7. Les passagers sur la liste _____ n'ont pas de chance.

8. Mais Dax, lui, a de la chance. Son vol à _____ soldé part à temps.

9. Une fois dans l'avion, il trouve sa place à _____ de l'avion tout près de la cabine de pilotage.

10. Le service _____ est excellent.

11. Le steward lui apporte son _____ végétarien.

12. Il regarde un film et fait un _____.

13. A l'arrivée, Dax va à la _____ des bagages et prend ses valises.

14. Puis il prend _____ gratuite pour aller jusqu'à son hôtel.

15. C'était un vol sans _____ excepté un peu de trouble dû au décalage horaire.

Les voyages en train et en bateau (Travel by train and by boat)

Traveling by boat and by train is popular in Europe.

En train (By train)

The SNCF (French National Railroad Company) offers French citizens many rebates on train fares. In addition, French trains run punctually and efficiently, and many trains offer dining and sleeping accommodations for longer trips.

l'abonnement (m.)	commuter pass
le buffet de la gare	train station restaurant
le bulletin de retard	delay update
la carte de réduction	reduced-fare pass
la classe (première, deuxième)	class (first, second)
le compartiment	cabin
la consigne	baggage checkroom
le contrôleur	conductor
la correspondance	connection
la couchette	berth
le couloir	aisle
Eurotunnel	Chunnel
la gare	train station
la ligne de chemins de fer	railway line
le quai	platform
le rail	rail
(en, par le) train	(by) train
le train à grande vitesse (TGV)	high-speed train
le train de nuit	nighttime train
le train direct, le rapide	express train
le tunnel	tunnel
la voie ferrée	railroad track
le wagon-lit	sleeping car
le wagon-restaurant	restaurant car

Il prend une petite collation au buffet de la gare.	He has a little snack at the train station's restaurant.
Il vérifie les horaires des trains express.	He checks the schedule for express trains.
Il va sur le quai 10.	He goes to platform 10.
Il cherche sa place en deuxième classe.	He looks for his place in second class.
Le contrôleur demande les billets.	The conductor asks for tickets.
Il paie un supplément pour un wagon-lit.	He pays extra for a sleeping car.

En bateau (By boat)

Another way to travel is by boat. Many French cities were built along rivers. A popular tourist activity in Paris is to take a **bateau-mouche** for a romantic cruise on the Seine.

le bac	ferryboat
le bateau	boat
le bateau à voile	sailboat
(par dessus) bord	overboard
la bouée de sauvetage	lifebuoy
la cabine	cabin
le canot	lifeboat
le capitaine	captain

la croisière (fluviale)	(river) cruise
le gilet de sauvetage	life jacket
un homme à la mer (m.)	man overboard
le hublot (m.)	cabin window
l'île (f.)	island
le mal de mer	seasickness
la marée	tide
le matelot	seaman
la mer	sea
le navire	ship (military)
le paquebot	ocean liner
le pont	deck, bridge
le port (fluvial, marin)	(river, sea) port
le quai	pier
le yacht	yacht

Faites une petite croisière en Méditerranée!	Go for a little cruise in the Mediterranean!
Attendez sur le quai!	Wait on the pier!
C'est là-bas sous le pont qu'on attend.	We are waiting there under the bridge.
Vous n'avez pas besoin d'un gilet de sauvetage.	You do not need a life jacket.
Prenez un cachet contre le mal de mer!	Take a pill against seasickness!
Bon voyage!	Safe journey!

EXERCICE
7·7

En bateau ou en train? **By boat or by train?** *For each clue given, write the letter **B** for **bateau** or **T** for **train** to tell how the people are traveling.*

_____ 1. Il y a un capitaine.

_____ 2. On est sur la mer.

_____ 3. On est dans un compartiment.

_____ 4. On dort sur une couchette.

_____ 5. On met un gilet de sauvetage.

_____ 6. On roule sur des rails.

_____ 7. On part de la gare.

_____ 8. On mange dans un wagon-restaurant.

_____ 9. On est sur un paquebot.

_____ 10. On sort du port.

_____ 11. On regarde par un hublot.

_____ 12. Il y a des bouées de sauvetage.

Communication

·8·

In this unit, you will learn to express yourself on a variety of matters related to communication, such as personal communication with family, friends, and colleagues as well as printed, electronic, and mass media communication.

Rencontres et invitations (Meetings and invitations)

To meet and get in touch with one another, people use person-to-person conversation, telephone calls, and written communication.

Les données personnelles (Personal information)

The exchange of some basic information is often necessary to start a relationship.

l'adresse (électronique) (f.)	address (electronic)
l'âge (m.)	age
le/la célibataire	unmarried person
le coup de fil	phone call
le coup de téléphone	phone call
la dame	lady
la demoiselle	young lady
la jeune fille	young girl
le jeune homme	young man
les jeunes gens	young people
le message	message
le nom de famille	last name
le (bon, mauvais) numéro	(right, wrong) number
le numéro de portable/téléphone	cell/phone number
l'occupation (f.)	occupation
le prénom	first name
la ville	city, town

La demoiselle que j'ai rencontrée est sympa.	The young lady I met is nice.
Elle a une occupation intéressante.	She has an interesting occupation.
Je n'ai pas le bon numéro de téléphone.	I do not have the correct phone number.
J'ai son adresse électronique.	I have her electronic address.
Je me rappelle son prénom mais pas son nom.	I remember her first name but not her last name.

La correspondance personnelle et les invitations (Personal correspondence and invitations)

(c'est un) plaisir	(it is a) pleasure
(mes) regrets (m. pl.)	(my) regrets
(à haut) débit	(high) speed
le courriel, le mél, l'e-mail	e-mail
le courrier (électronique)	(electronic) mail
en ligne	online
le faire-part	announcement
Internet, le net	Internet
l'invitation (f.)	invitation
la lettre (d'amour)	(love) letter
le message (instantané)	(instant) message
le mot de passe	password
le petit mot	note
le web	Web

Je reçois des e-mails tous les jours.	I receive e-mails every day.
Une lettre d'amour pour la Saint Valentin!	A love letter for Valentine's Day!
Je vais faire mes invitations par courriel.	I am going to make my invitations by e-mail.
Nous envoyons des faire-parts pour notre mariage.	We are sending wedding announcements.
Ma tante envoie ses regrets.	My aunt sends her regrets.

EXERCICE 8·1

Répondez s'il vous plaît! Please answer! *For each question, choose one of the following answers and write its letter on the lines provided.*

a. aux amis (*to friends*)

b. à la famille (*to the family*)

c. à personne (*to nobody*)

d. à un amoureux ou une amoureuse (*to a lover*)

e. à tout le monde (*to everybody*)

_____ 1. À qui écrivez-vous des lettres?

_____ 2. À qui est-ce qu'on envoie des invitations de mariage?

_____ 3. À qui écrivez-vous un mot qui finit par «Je t'aime passionnément»?

_____ 4. À qui envoyez-vous des messages électroniques?

_____ 5. À qui dites-vous votre âge?

_____ 6. À qui donnez-vous un mauvais numéro?

_____ 7. À qui envoyez-vous le plus de messages instantanés?

_____ 8. À qui donnez-vous rendez-vous?

_____ 9. À qui révélez-vous votre mot de passe pour Internet?

_____ 10. À qui répondez-vous toujours «avec plaisir» quand on vous invite à dîner?

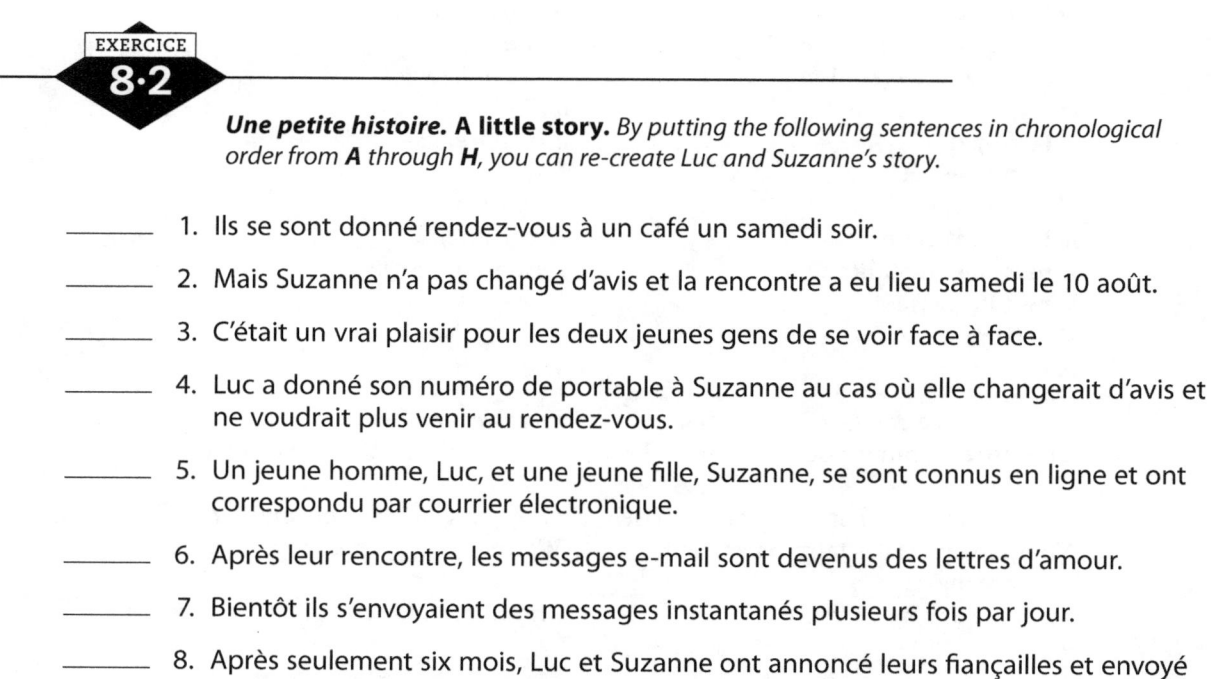

EXERCICE
8·2

Une petite histoire. A little story. *By putting the following sentences in chronological order from **A** through **H**, you can re-create Luc and Suzanne's story.*

_____ 1. Ils se sont donné rendez-vous à un café un samedi soir.

_____ 2. Mais Suzanne n'a pas changé d'avis et la rencontre a eu lieu samedi le 10 août.

_____ 3. C'était un vrai plaisir pour les deux jeunes gens de se voir face à face.

_____ 4. Luc a donné son numéro de portable à Suzanne au cas où elle changerait d'avis et ne voudrait plus venir au rendez-vous.

_____ 5. Un jeune homme, Luc, et une jeune fille, Suzanne, se sont connus en ligne et ont correspondu par courrier électronique.

_____ 6. Après leur rencontre, les messages e-mail sont devenus des lettres d'amour.

_____ 7. Bientôt ils s'envoyaient des messages instantanés plusieurs fois par jour.

_____ 8. Après seulement six mois, Luc et Suzanne ont annoncé leurs fiançailles et envoyé un faire-part à leur famille et à leurs amis.

L'envoi et l'expédition (Mailing and shipping)

The most common way to send mail and packages is through the postal service.

l'adresse (f.)	*address*
l'affranchissement (m.)	*postage*
l'avis de réception (m.)	*notification of delivery*
la boîte à lettres	*mailbox*
la boîte postale	*post office box*
le bureau de poste	*post office*
le cachet de la poste	*postmark*
le code postal	*zip code*
le colis, le paquet	*package*
le courrier (par avion)	*(air)mail*
le/la destinataire	*recipient*
l'employé(e) de poste	*postal clerk*
l'enveloppe (f.)	*envelope*
l'expéditeur (m.)	*sender*
l'expédition express (f.)	*special delivery*
le facteur	*mail carrier*
le guichet	*clerk's window*
l'imprimé (m.)	*printed matter*
la lettre commerciale/d'affaires	*business letter*

la lettre recommandée	*registered letter*
la livraison	*delivery*
le mandat de paiement	*money order*
salutations distinguées	*sincerely*
le service prioritaire d'envoi	*express mail*
le tarif	*rate*
le timbre	*stamp*
la vignette	*meter*

Je finis ma lettre et j'écris «Mes salutations distinguées».	*I finish my letter and write "Sincerely."*
Je la mets dans une enveloppe et je mets un timbre.	*I put it in an envelope and put a stamp on it.*
J'enverrai ma lettre par service prioritaire.	*I will send my letter express mail.*
Elle doit avoir le cachet d'aujourd'hui.	*It must be postmarked today.*
Je ferais mieux de l'amener à la poste tout de suite.	*I better take it to the post office right away.*
Je vais aussi demander un avis de réception.	*I am also going to ask for a return receipt.*

EXERCICE

8·3

***Que savez-vous sur les services postaux?* How much do you know about postal services?** *Using words or phrases from the previous lists, answer the following questions.*

1. Avec quelle expression faut-il finir une lettre d'affaires?

_____

2. Quel service faut-il utiliser pour envoyer une lettre très urgente?

_____

3. Qu'est-ce qu'il faut placer sur une enveloppe avant de la mettre à la poste?

_____

4. De quoi est-ce que le facteur est responsable?

_____

5. Qu'est-ce qu'on peut obtenir à la poste pour envoyer de l'argent à quelqu'un?

_____

6. Qu'est-ce qu'on demande à la poste pour s'assurer que le destinataire a reçu votre lettre?

_____

7. Où est-ce que le facteur met les lettres et les imprimés qu'il vous livre?

_____

8. Qu'est-ce que la poste met sur une enveloppe pour vous montrer quel jour elle a reçu votre lettre?

_____

9. Qui vous vend des timbres à la poste?

_____

10. Est-ce que le courrier postal est plus rapide que le courrier électronique?

_____

La communication électronique (Electronic communication)

One of the fastest and most common ways to communicate is with e-mail.

l'accès (gratuit)	(free) access
la boîte aux lettres électronique	electronic mailbox
le branchement, la connection	connection
la carte son/vidéo	sound/video card
le CD-ROM, le cédérom	CD-ROM
le cybercafé	Internet café
le droit d'accès	right to log in
l'Internet (m.)	Internet
le lien	link
la mémoire	memory
l'ordinateur (personnel) (m.)	(personal) computer
le pirate	hacker
le piratage	hacking
le portable	laptop
le programme antivirus	antivirus program
le scanneur, scanner	scanner
la souris	mouse
le système sans fils	wireless system
le tableau blanc interactif	SMART board
la technologie réseau sans fil	wireless technology
la télé-conférence	teleconference
le téléchargement	downloading
le virus	virus
la visioconférence	videoconference
le web	Web

Mon ordinateur a été attaqué par un virus.	My computer was attacked by a virus.
Le piratage informatique cause des dégâts.	Computer hacking causes damage.
Ce nouvel ordinateur a une grande mémoire.	This new computer has a lot of memory.
Je veux un système Internet sans fil.	I want a wireless Internet system.
Je pourrai naviguer sur Internet de n'importe où dans la maison.	I would be able to surf on the Internet from anywhere in the house.

Je suis branché! *I am connected!* Complete each sentence with an appropriate word from the provided list.

mémoire	virus	souris	vidéo
télécharger	sans fils	interactif	visioconférence

1. Je vais _____ ce fichier qui me semble bien utile.

2. Je n'ai pas peur du piratage car j'ai un programme anti_____.

3. La _____ de ce nouvel ordinateur est de 50 megabytes.

4. Où est ma _____? Je ne peux pas diriger mon curseur.

5. J'ai incorporé une carte son et une carte _____.

6. Maintenant je vais pouvoir faire des _____ avec mes collègues d'autres universités.

7. En plus j'ai acheté la technologie réseau _____ pour ma connection Internet.

8. Avec mon tableau blanc _____ et cet ordinateur, je suis vraiment branché en informatique.

Télécommunication (Telecommunication)

Other common ways to communicate are through telecommunication.

l'afficheur (m.)	caller ID
l'appareil (téléphonique)	telephone
l'appel (à l'extérieur) (m.)	(long-distance) call
le câble	cable (TV)
le coup (de téléphone, de fil)	phone call
le fac-similé, fax	fax
l'imprimante	printer
le lecteur de CD	CD player
le lecteur de DVD	DVD player
la ligne téléphonique	phone line
le microphone	microphone
le portable	cell phone
la prise chargeur	recharger
le répondeur	answering machine
le télécopieur	fax machine
le téléphone (portable)	(cell) phone
l'usager, l'usagère	user

Tu te sers de ton télécopieur?	Do you use your fax machine?
J'ai un fax urgent à envoyer.	I have an urgent fax to send.
L'afficheur me permet de voir qui appelle.	The caller ID allows me to see who is calling.
Où est ma prise chargeur?	Where is my recharger?
J'ai un coup de fil important à faire.	I have an important phone call to make.
Les appels à l'extérieur sont chers.	Long-distance calls are expensive.

EXERCICE 8·5

À la maison ou au travail? *At home or at work? Tell whether each item is most likely to be found at home (à domicile) or at work (au travail) by writing D for domicile or T for travail next to each one. Write D/T if it is likely to be found in both places.*

_____ 1. le téléphone

_____ 2. la télévision

_____ 3. le pager

_____ 4. la ligne téléphonique

_____ 5. le lecteur de DVD

_____ 6. le télécopieur

_____ 7. le lecteur de CD

_____ 8. le répondeur

_____ 9. le CD-ROM

_____ 10. l'imprimante

EXERCICE 8·6

De quoi avez-vous besoin? What do you need? *On the lines provided, write the word(s) or expression(s) for what is needed to do the following.*

1. Pour regarder un film en DVD _____

2. Pour écouter une chanson dans la voiture _____

3. Pour téléphoner _____

4. Pour copier un texte _____

5. Pour télécopier _____

6. Pour recharger le téléphone _____

7. Pour parler devant une audience de cent personnes _____

8. Pour envoyer des messages instantanés du nouveau portable _____

9. Pour se connecter à un site sécurisé _____

10. Pour savoir qui téléphone avant de répondre _____

La publication (Publishing)

Newspapers, magazines, and books are important resources to help people communicate, stay informed, and learn from one another.

Les journaux et les magazines (Newspapers and magazines)

There are many types of magazines (e.g., children, youth, women, sports, home and garden, etc.) and many newspapers (e.g., daily, monthly, regional, etc.).

la (première) page	*(front) page*
les actualités (f. pl.)	*local news*
l'annonce (f.)	*announcement*
l'art de vivre (m.)	*lifestyle*
l'article (m.)	*article*
la bourse	*stock market*
la caricature	*caricature*
le courrier du cœur	*personal column*
l'éditorial (m.)	*editorial*
les emplois (m. pl.)	*employment*
l'hebdomadaire (m.)	*weekly paper*
l'horoscope (m.)	*horoscope*
le journal	*newspaper, diary*
la météorologie, la météo	*weather report*
la mode	*fashion*
les mots croisés (m. pl.)	*crossword puzzle*
la nécrologie	*obituaries*
les nouvelles (internationales) (f. pl.)	*(international) news*
la petite annonce	*classified ad*
la politique	*politics*
la publication (mensuelle)	*(monthly) publication*
le quotidien	*daily paper*
le reportage	*report*
la revue (de mode, de sport)	*(fashion, sports) magazine*
la rubrique	*column, section*
le titre	*title*

Mon journal a des mots croisés.	*My newspaper has crossword puzzles.*
Les caricatures politiques sont très drôles.	*Political caricatures are very funny.*
La rubrique des emplois est bien utile.	*The employment section is quite useful.*
Elle est un magazine de mode.	Elle *is a fashion magazine.*
Il est abonné à un hebdomadaire.	*He suscribed to a weekly paper.*
Elle a lu un reportage intéressant sur l'Inde.	*She read an interesting report on India.*

EXERCICE
8·7

***Je lis le journal.* I read the newspaper.** *In which section of a newspaper or magazine are you most likely to find the following? Write your answers on the lines provided.*

1. Il fera beau et ensoleillé aujourd'hui. _____

2. Voilà des recettes de salade pour le printemps. _____

3. On a élu un nouveau président au Brésil. _____

4. Le parti démocratique et le parti républicain se réconcilient. _____

5. Auteur célèbre décédé le 8 mars 2006. _____

6. Fiat 2004 en bonne condition à vendre. _____

7. Les actions France Intercom sont en baisse. _____

8. Votre journée s'annonce très bien. Vous gagnerez gros. _____

9. Les pantalons à taille basse sont toujours le dernier cri. _____

10. Synonyme du mot *observer*. _____

Les livres (Books)

Books have many purposes. They can be informative, inspirational, educational, or recreational. They are often written for specific audiences, such as children or mystery fans. Comic books are an important part of a French person's reading material. These include characters such as Astérix, Tintin, and the Schtroumpfs who have won international acclaim.

l'album de bandes dessinées (m.)	comic strip book
la bande dessinée (BD)	comic strip
la biographie	biography
le chef d'œuvre	masterpiece
le conte	tale
la fable	fable
le genre	genre
le héros	hero (m.)
l'héroïne (f.)	heroine (f.)
l'histoire (f.)	story, history
l'histoire littéraire (f.)	literary history
l'intrigue (f.)	plot
les mémoires (m. pl.)	memoirs
la nouvelle	short story
l'œuvre littéraire (f.)	literary work
le personnage	character
la pièce	play
le poème	poem
le récit	narration
le recueil de poésie/poèmes	poetry book
le roman (d'amour, policier, historique)	(love, mystery, historical) novel
le style	style
la version intégrale	unabridged version

Astérix est un personnage de bande dessinée.	Astérix is a comic book character.
Beaucoup de femmes aiment les romans d'amour.	Many women love romantic novels.
Les biographies se vendent bien.	Biographies sell well.
Agatha Christie a écrit des romans policiers.	Agatha Christie wrote mysteries.
Où est mon recueil de poésie de Baudelaire?	Where is my Baudelaire poetry book?

Beaucoup de présidents écrivent
leurs mémoires.

Many presidents write their memoirs.

Note the double meaning of the word **histoire**.

J'aime inventer des histoires d'enfant.
Mon livre d'histoire est passionnant.

I like to make up children's stories.
My history book is facinating.

EXERCICE
8·8

Parlons de littérature! Let's talk about literature! *Complete each sentence with an appropriate word from the previous list.*

1. *Macbeth* est une _____ de Shakespeare.

2. L'_____ est le thème prédominant dans les œuvres romanesques.

3. On essaie de résoudre un meurtre ou des meurtres dans un roman _____.

4. J'ai un _____ de poèmes écrits par Edgar Allan Poe.

5. *Harry Potter* est un _____ contemporain.

6. Je n'ai pas lu la _____ intégrale de *Notre Dame de Paris* de Victor Hugo. C'est trop long.

7. L'_____ de ce roman que j'ai lu se passait dans la cathédrale.

8. La Fontaine, un contemporain du roi Louis XIV, a écrit des _____.

9. «Le chat botté» et «Le petit chaperon rouge» sont des _____ de Perrault.

10. Cet auteur écrit d'une manière très particulière. Son _____ est unique.

Les relations internationales (International relations)

Countries communicate with one another through diplomacy.

l'accord (m.)	*agreement*
l'alliance (f.)	*alliance*
la conférence	*conference*
le conflit	*conflict*
la confrontation	*confrontation*
la coopération	*cooperation*
le désaccord	*disagreement*
la détente	*detente*
la diplomatie	*diplomacy*
l'entente (f.)	*understanding*
l'entretien (m.)	*talk*
l'intervention (f.)	*intervention*
la neutralité	*neutrality*
le pacte	*pact*
la politique étrangère	*foreign policy*
la querelle	*quarrel*
le rapprochement	*having cordial relations*

la réconciliation	reconciliation
la réunion (au sommet)	(summit) meeting
la tension	tension
le traité	treaty

Trouvons les synonymes et les antonymes! **Let's find synonyms and antonyms!**
*Write the letter **A** for **antonyme** if the words are opposites or the letter **S** for **synonyme** if the words mean the same thing.*

_____ 1. la confrontation et l'entente

_____ 2. le désaccord et la querelle

_____ 3. le traité et l'accord

_____ 4. l'union et le pacte

_____ 5. la tension et le rapprochement

_____ 6. la réconciliation et la détente

_____ 7. l'alliance et le conflit

_____ 8. l'intervention et la neutralité

_____ 9. l'entente et la tension

_____ 10. la réconciliation et le rapprochement

Numbers, time, and measures

In this unit, you will learn some nouns and noun phrases that are necessary to communicate in very practical ways. It is important to understand and know numbers, dates, and time in everyday situations such as shopping, banking, or simply ordering tickets for the theater.

Les nombres (Numbers)

Numbers are essential vocabulary words in every aspect of life. They appear in addresses, prices, telephone numbers, and even simple descriptions.

Les nombres cardinaux (Cardinal numbers)

French cardinal numbers are at the same time numerical adjectives (only **un** varies in the feminine form) and masculine nouns.

In the following sentence, **un** is a numerical adjective agreeing with the masculine noun **chien**, and **une** is a numerical adjective agreeing with the feminine noun **chatte**.

Je veux seulement **un** chien et **une** chatte.   *I want only one dog and one cat.*

In the following sentences, the numbers **un**, **deux**, and **trois** are used as nouns.

Le **un** gagne, le **deux** perd.   *Number one wins, number two loses.*

Le **trois** est mon nombre préféré.   *Three is my favorite number.*

The only numbers that cannot be preceded by an article such as **le** or **un** are **cent** and **mille**.

Cent ne vaut rien dans ce jeu.   *One hundred is not worth anything in this game.*

Here are some numbers between zero and one billion.

zéro	*0*
un	*1*
deux	*2*
trois	*3*
quatre	*4*
cinq	*5*
six	*6*
sept	*7*

huit	8
neuf	9
dix	10
onze	11
douze	12
treize	13
quatorze	14
quinze	15
seize	16
dix-sept	17
dix-huit	18
dix-neuf	19
vingt	20
vingt et un...	21
trente...	30
quarante...	40
cinquante...	50
soixante	60
soixante et un...	61
soixante-dix	70
soixante et onze	71
soixante-douze...	72
quatre-vingts	80
quatre-vingt-un...	81
quatre-vingt-dix	90
quatre-vingt-onze...	91
cent	100
mille	1,000
million	million
milliard	billion

Le neuf me porte chance.	Nine brings me luck.
Ce soir à la roulette c'est le huit qui gagne.	Tonight at roulette it is the eight that wins.
Ma tante habite au 20, rue de la Paix.	My aunt lives at 20, rue de la Paix.
Le milliard est une énorme somme d'argent.	A billion is an enormous sum of money.
Ce milliardaire a fait don d'un million de dollars.	This billionaire made a donation of a million dollars.

EXERCICE
9·1

***Savez-vous calculer?* Do you know how to calculate?** *Write the resulting number (both spelled out and as a figure) on the lines provided.*

1. dix et dix: _____ _____

2. trois et quatre: _____ _____

3. onze et six: _____ _____

4. trente-neuf et huit: _____ _____

5. quarante et quarante-cinq: _____ _____

6. soixante et onze: _____ _____

7. cent et cinquante: _____ _____

8. six cents et quatre cents: _____ _____

9. quatre-vingt-douze et huit: _____ _____

10. soixante-dix et deux: _____ _____

Les nombres ordinaux (Ordinal numbers)

French ordinal numbers are adjectives (only **premier** varies and becomes **première** in the feminine form). They can also be used as nouns whenever the noun is omitted. Here is a list of ordinal numbers. Note that except for **premier** and **neuf**, the ordinal number is formed by adding the suffix **-ième** to the cardinal number (omitting the final **-e** if there is one).

le premier, la première	*first*
le/la deuxième	*second*
le/la troisième	*third*
le/la quatrième	*fourth*
le/la cinquième	*fifth*
le/la sixième	*sixth*
le/la septième	*seventh*
le/la huitième	*eighth*
le/la neuvième	*ninth*
le/la dixième	*tenth*
le/la onzième	*eleventh*
le/la douzième	*twelfth*
le/la treizième	*thirteenth*
le/la quatorzième	*fourteenth*
le/la quinzième	*fifteenth*
le/la seizième	*sixteenth*
le/la dix-septième	*seventeenth*
le/la dix-huitième	*eighteenth*
le/la dix-neuvième	*nineteenth*
le/la vingtième	*twentieth*
le/la vingt et unième	*twenty-first*

In the following sentences, the number **premier/première** serves as an adjective.

C'est le premier jour du printemps.	*It is the first day of spring.*
C'est la première fois que je vois ce film.	*It is the first time I am seeing this movie.*

In the following sentences, the numbers **premier**, **deuxième**, and **dixième** are used as nouns.

C'est le premier qui gagne.	*The first one wins.*
Le cabinet dentaire, c'est au deuxième.	*The dental office is on the second floor.*
C'est le/la dixième qui perd.	*The tenth one loses.*

Les approximations (Approximations)

In cases when a precise number is not necessary, we approximate the number.

Note that except for **dix**, **cinq**, and **mille**, you can obtain the following words easily by adding the suffix -**aine** to the related cardinal number after omitting the final -**e** wherever there is one.

la dizaine	*about 10*
la douzaine	*about 12 (dozen)*
la quinzaine	*about 15*
la vingtaine	*about 20*
la trentaine	*about 30*
la quarantaine	*about 40*
la cinquantaine	*about 50*
la soixantaine	*about 60*
la centaine	*about 100*
le millier	*about 1,000*

Elle a une dizaine de paires de chaussures.	*She has about ten pairs of shoes.*
Son père a la quarantaine, je crois.	*Her father is about forty years old, I believe.*
J'ai répété ça une centaine de fois.	*I repeated this about a hundred times.*
Il y a des milliers de fourmis ici.	*There are thousands of ants here.*

EXERCICE 9·2

***Connaissez-vous ces nombres?* Do you know these numbers?** *Write the corresponding numeral next to each spelled-out number.*

_____ 1. soixante-quatorze

_____ 2. trois cents

_____ 3. cinq mille

_____ 4. quatre-vingt-quinze

_____ 5. trente-six

_____ 6. quarante-huit

_____ 7. soixante-neuf

_____ 8. dix-sept

_____ 9. treize

_____ 10. quatre-vingt-quatre

_____ 11. un million cinquante mille

_____ 12 trois milliards

_____ 13. cent trente et un

_____ 14. quatorze mille

_____ 15. cinquante-deux

_____ 16. soixantième

_____ 17. neuvième

_____ 18. douzième

_____ 19. quatre-vingtième

_____ 20. centième

Le temps (Time)

Due to the need for a time standard in a world of increasing speed of both communication and travel, time is measured in standard units such as hours, days, months, and years.

Les mesures de temps (Measuring time)

In order to keep track of time, we refer to morning, afternoon, evening, seconds, minutes, hours, and so on.

l'an (m.)	year
l'année (f.)	year
l'après-midi (m.)	afternoon
le centenaire	centennial
le centième de seconde	hundredth of a second
la date	date
la décennie	decade
la demi-heure	half an hour
l'époque	era
l'heure (f.)	hour
le jour	day
le matin	morning
midi	noon
minuit	midnight
la minute	minute
la nuit	night
le quart d'heure	quarter of an hour
la saison	season
la seconde	second
le siècle	century
le soir	evening
le temps	time

Il me faut une demi-heure pour finir.	I need a half-hour to finish.
Allume le micro-onde pour dix secondes.	Turn the microwave on for ten seconds.
Ne sors pas si tard la nuit!	Do not go out so late at night!
En une décennie, les choses peuvent changer.	Over a decade things can change.
Je déjeune à midi.	I have lunch at noon.
Nous sommes au vingt-et-unième siècle.	We are in the twenty-first century.
J'étudie l'époque de la Renaissance.	I am studying the Renaissance period.

In the following sentences, note how the word **l'an** is used with age, to indicate a specific year, and to state _a year ago_, while **l'année** is used to underline the duration of the year.

J'ai vingt et un ans.	*I am twenty-one years old.*
En l'an 2005 La Nouvelle Orléans...	*In the year 2005 New Orleans . . .*
Il y a un an, j'ai quitté ma famille.	*A year ago I left my family.*
J'ai passé toute une année en France.	*I spent a whole year in France.*

In the following sentences, note how the word **temps** can be translated into English not only as *weather* but also as *time*.

Quel temps fait-il?	*What is the weather like?*
Il est temps de partir.	*It is time to leave.*
Il est l'heure de partir.	*It is time to leave.*

La journée et les heures (Day and hours)

The standard units of time to measure a day are seconds, minutes, and hours. In the following sentences, note that the word **heure** can be translated into English as *time*, *o'clock*, and *hour*.

Quelle heure est-il?	*What time is it?*
Il est deux heures.	*It is two o'clock.*
J'ai attendu pendant une heure.	*I waited for one hour.*

European countries use the twenty-four-hour clock for official timetables such as travel schedules or TV guides.

Le train part à vingt heures.	*The train leaves at eight p.m.*
Allons au cinéma pour la séance de quatorze heures.	*Let's go to the movies for the two o'clock show.*

In casual conversation, the phrases **du matin**, **de l'après-midi**, and **du soir** are used to indicate *a.m.* and *p.m.* However, use **midi** for *noon* and **minuit** for *midnight*.

Il est une heure et quart du matin.	*It is 1:15 a.m.*
Je me lèverai à huit heures moins le quart.	*I will get up at 7:45 a.m.*
Cherche-moi à quatorze heures dix.	*Pick me up at 2:10 p.m.*
Viens vers trois heures et demie de l'après-midi.	*Come around 3:30 p.m.*
Je suis resté jusqu'à huit heures du soir.	*I stayed until 8 p.m.*

EXERCICE
9·3

À quelle heure? **At what time?** *Complete each sentence to tell what time you do the task. Use the phrases* **du matin**, **de l'après-midi**, **du soir**, **midi**, *and* **minuit**.

1. Je prends le petit déjeuner à 8h _____.

2. Je vais au travail/aux cours à 2h _____.

3. Je prends le déjeuner à _____.

4. Je fais une promenade à 5h après mes cours _____.

5. Je prépare le dîner à 7h _____.

6. Je dîne à 8h _____.

7. J'écoute de la musique en allant au cours vers 2h _____.

8. J'écris des e-mails tôt le matin à 8h _____.

9. Je regarde la télé après le dîner vers 10h _____.

10. Je vais dormir à _____.

Les jours, les mois et les saisons (Days, months, and seasons)

Another way to keep track of time is to name the day, the month, or the season.

Les jours (Days)

lundi	*(on) Monday*
mardi	*(on) Tuesday*
mercredi	*(on) Wednesday*
jeudi	*(on) Thursday*
vendredi	*(on) Friday*
samedi	*(on) Saturday*
dimanche	*(on) Sunday*

Days, months, and seasons are not capitalized in French unless they are the first word of a sentence. Days are of the masculine gender. When a day of the week is preceded by the article **le**, it means *every such day of the week*.

Le samedi, nous allons au cinéma.	***On Saturdays**, we go to the movies.*
Samedi, je viendrai te voir.	***Saturday**, I will come see you.*

Les mois (Months)

janvier	*January*
février	*February*
mars	*March*
avril	*April*
mai	*May*
juin	*June*
juillet	*July*
août	*August*
septembre	*September*
octobre	*October*
novembre	*November*
décembre	*December*

Le mois de juillet est très chaud.	*The month of July is very hot.*
Son anniversaire est en janvier.	*His birthday is in January.*
Mai est un joli mois.	*May is a pretty month.*

Les saisons (Seasons)

le printemps	*spring*
l'été (m.)	*summer*
l'automne (m.)	*fall*
l'hiver (m.)	*winter*

To say *in the spring*, use **au printemps**. However, to say *in the fall, in the winter*, or *in the summer*, use **en automne, en hiver**, or **en été**.

Au printemps, tout repousse.	In the spring everything grows back.
L'automne est mon mois préféré.	Fall is my favorite season.
Ils vont skier en hiver.	They go skiing in the winter.

***Parlons de l'hiver!* Let's talk about wintertime!** *Complete each sentence with the appropriate word from the list provided.*

l'heure	automne	dimanche	janvier
lundi	décembre	heures	soir

1. Aujourd'hui c'est le premier _____. Nous fêtons le Nouvel An.

2. En hiver la journée finit vers 7 heures du _____.

3. En hiver la journée commence à 6 _____ du matin.

4. L'_____ vient avant l'hiver.

5. Il fait froid. C'est _____ de rentrer et boire un thé bien chaud.

6. L'hiver commence au mois de _____.

7. Le samedi et le _____ sont des jours de ski en hiver.

8. Mais _____ je dois aller au travail.

Les dates (Dates)

Dates are vitally important in personal and business affairs. In French dates, remember to always state the day before the month.

le premier septembre 2007	le 1-9-2007	*September 1, 2007*
le deux mars 2008	le 2-3-2008	*March 2, 2008*
le trente juillet 2009	le 30-7-2009	*July 30, 2009*

Les mesures de poids et de volumes (Measuring weight and volume)

Measures are another practicality that is absolutely essential in life whether for measuring flour for a cake or figuring out a road distance.

Les poids (Weights)

le centimètre	*centimeter*
le gramme	*gram*
le kilogramme	*kilogram*
le kilomètre	*kilometer*
le litre	*liter*

la livre	*500 grams*
le mètre	*meter*
le millimètre	*millimeter*
le système métrique	*metric system*
la tonne	*ton*

La ville a fait verser une tonne de sable sur les plages.	*The city poured a ton of sand on the beaches.*
La station-essence est à deux kilomètres d'ici.	*The gas station is two kilometers from here.*
Achetons un litre de lait!	*Let's buy a liter of milk!*

Autres mesures (Other measurements)

Other measurements, such as length and width in construction or pinches and spoonfuls in cooking, are also useful.

la boîte	*box*
la bouchée	*mouthful*
la bouteille	*bottle*
le double	*double*
la grandeur	*height (person)*
la hauteur	*height (building)*
la largeur	*width*
la longueur	*length*
la moitié	*half*
le morceau	*piece, morsel*
la pincée	*pinch*
la pointure	*shoe size*
la profondeur	*depth*
le quart	*quarter*
la taille	*size (clothes)*
la tasse	*cup*
le tiers	*thirds*
la tranche	*slice*
le verre	*glass*

Puis-je avoir la moitié d'une pomme?	*May I have half an apple?*
Il faut que j'ajoute une pincée de sel.	*I have to add a pinch of salt.*
Pour les crêpes il nous faut un litre de lait.	*For crêpes, we need a liter of milk.*
Passe-moi la bouteille de vin!	*Pass me the bottle of wine!*
Il faudrait mesurer la hauteur de la pièce.	*We should measure the height of the room.*
Sa pointure est le quarante.	*His shoe size is 40.*
Elle m'a fait cadeau d'une boîte de chocolat.	*She gave me a box of chocolate as a gift.*
J'en ai pris une bouchée!	*I took a mouthful of it!*

Quel est le mot qui convient le mieux? Which word fits best? *Circle the letter of the best response.*

1. J'ai une... de chaussures.

   a. dizaine   b. centaine

2. Les hommes habitent la terre depuis des... d'années.

   a. centaines   b. milliers

3. J'ai offert une... de bonbons à Maman.

   a. bouteille   b. boîte

4. J'ai seulement mangé une... d'épinards. Je n'aime pas ça.

   a. bouchée   b. tasse

5. Donne-moi un... d'eau s'il te plaît.

   a. morceau   b. verre

6. Je me fais un sandwich avec une... de jambon et du fromage.

   a. tranche   b. livre

7. Je vais acheter un... de pommes.

   a. tiers   b. kilo

8. Pendant les cyclones, la... du vent est dangereuse.

   a. force   b. profondeur

9. Cette petite portion ne suffit pas. Je peux manger le...

   a. quart   b. double

10. La Tour Eiffel est remarquable à cause de sa...

    a. hauteur   b. largeur

11. Je suis petite. Ma... est le 32.

    a. longueur   b. taille

12. Il y a soixante... dans une heure.

    a. secondes   b. minutes

13. Cent années font un...

    a. siècle   b. centième

14. Les années du début du vingtième siècle s'appellent «La Belle... ».

    a. Décennie   b. Époque

15. Il est très jeune. Il a une... d'années, je crois.

    a. soixantaine   b. vingtaine

Adjectives

Gender, number, and position of adjectives

Genre et nombre (Gender and number)

Adjectives vary in gender and number (masculine or feminine, and singular or plural) according to the nouns they describe. In most cases, unless the adjective already ends in a silent -**e**, it suffices to add a silent -**e** to the adjective to make it feminine. Irregular feminine forms are noted in the vocabulary lists.

un vélo **jaune**	a **yellow** bike
une maison **jaune**	a **yellow** house
un livre **intéressant**	an **interesting** book
une pièce **intéressante**	an **interesting** play

In most cases, unless the adjective already ends in -**s** or -**x**, it suffices to add the letter -**s** to the masculine form of the adjective to make it plural. Irregular plural forms are noted in the vocabulary lists.

un nuage **gris**	a **gray** cloud
des nuages **gris**	(some) **gray** couds
un vélo **neuf**	a **new** bike
des vélos **neufs**	(some) **new** bikes

Position (Position)

French adjectives are generally placed after the noun, except for a few short and frequently used adjectives in the following list. In these examples, note how the adjective **amusant** is placed after the noun **film**, whereas the adjective **jolie** is placed before the noun **fille**.

C'est un film **amusant**.	It is an amusing movie.
C'est une **jolie** fille.	She is a pretty girl.
petit(e)	small
grand(e)	tall (people), big (things)
gros(se)	fat (people), thick or big (things)
bon(ne)	good
mauvais(e)	bad
meilleur(e)	best
pire	worst
jeune	young
vieux, vieille	old
nouveau, nouvelle	new

joli(e)	*pretty*
beau, belle	*beautiful, handsome*
vilain(e)	*naughty, nasty*
gentil(le)	*nice*
même	*same*
autre	*other*
long(ue)	*long*

Cette robe rouge est belle.	*This red dress is beautiful.*
C'est la même robe que tu portais hier.	*It is the same dress you wore yesterday.*
Achète-toi une autre robe!	*Buy yourself another dress!*
Tiens! Celle-ci est plus jolie!	*Here! This one is prettier!*
Elle va bien avec tes chaussures noires.	*It goes well with your black shoes.*
Quelle bonne idée!	*What a good idea!*

EXERCICE 10·1

Comment Jean est-il décrit? How is Jean described? *In the following paragraph, identify the adjectives that describe Jean, his hair, his eyes, and his clothes. Write the appropriate adjectives on the lines provided.*

C'est un jeune homme belge, aux longs cheveux roux et aux yeux verts et brillants. Il a une large chemise bleue, un long pantalon gris, et de jolis baskets blancs.

1. Jean: _____, _____

2. Ses cheveux: _____, _____

3. Ses yeux: _____, _____

4. Sa chemise: _____, _____

5. Son pantalon: _____, _____

6. Ses baskets: _____, _____

Some adjectives can be placed before or after the noun. These have different meanings according to their position before or after the noun. Here are examples of such adjectives. Note the position of the adjective and how its meaning changes along with its position.

un document **ancien**	*an ancient document*
mon **ancien** lycée	*my former high school*
un garçon **brave**	*a brave man (courageous)*
un **brave** garçon	*a good man*
un costume **cher**	*an expensive suit*
un **cher** ami	*a dear friend*
l'été **dernier**	*last summer*
le **dernier** chapitre du roman	*the last chapter of the novel*
une famille **pauvre**	*an impoverished family*
la **pauvre** famille	*poor family (to be pitied)*

l'année, la semaine **prochaine**	*next year, week*
la **prochaine** fois	*next time*
la chambre **propre**	*the clean room*
ma **propre** chambre	*my own room*
le **passager** seul	*the lonely passenger*
le **seul** passager	*the only passenger*

EXERCICE
10·2

Que veut-on dire? What do we mean? *Translate the following sentences into English.*

1. Ma tante est une pauvre femme qui n'a pas de mari et pas d'enfants.

   _____

2. Ce n'est pas une femme pauvre; elle habite dans une grande et belle maison.

   _____

3. Mais elle est si seule.

   _____

4. Alors, la prochaine fois que je vais lui rendre visite, je vais rester un peu plus longtemps avec elle.

   _____

5. Son anniversaire est le même jour que le mien; alors on va le fêter ensemble.

   _____

Beau, nouveau et vieux (Beautiful, new, and old)

These three very common adjectives precede nouns. They have irregular singular forms that depend not only on the gender and number of the noun they describe, but also on whether they precede a vowel or consonant sound. In the following examples, note that these adjectives have three singular forms but only two plural forms.

le bel arbre, les **beaux** arbres	*the beautiful tree, beautiful trees*
le beau rosier, les **beaux** rosiers	*the beautiful rosebush, beautiful rosebushes*
la belle terrasse, les **belles** terrasses	*the beautiful terrace, beautiful terraces*
le nouvel ami, les **nouveaux** amis	*the new friend, new friends*
le nouveau parc, les **nouveaux** parcs	*the new park, new parks*
la nouvelle piscine, les **nouvelles** piscines	*the new pool, new pools*
le vieil immeuble, les **vieux** immeubles	*the old building, old buildings*
le vieux musée, les **vieux** musées	*the old museum, old museums*
la vieille église, les **vieilles** églises	*the old church, old churches*
La nouvelle élève s'appelle Rosa.	*The new student's name is Rosa.*
J'ai de nouveaux amis.	*I have new friends.*
Ce vieil écrivain est encore très actif.	*This old writer is still active.*

Ma vieille voiture marche encore bien.   *My old car still works well.*
Quelle belle femme!   *What a beautiful woman!*
Quels beaux oiseaux!   *What beautiful birds!*

EXERCICE
10·3

***Décrivons l'amie de Barbara.* Let's describe Barbara's friend.** *Complete the following sentences with the correct translation of the phrases in parentheses.*

1. Barbara a une _____. (new friend)

2. Elle est _____. (beautiful)

3. Elle a une personnalité _____. (nice)

4. Elle a _____. (blue eyes)

5. Elle a _____. (blond hair)

6. Elle porte toujours un _____. (old sweater)

7. Les _____ qu'elle porte sont toujours propres. (old shoes)

8. Elle est très _____ et _____. (small, cute)

Structural adjectives

Unlike descriptive adjectives such as **joli** or **beau**, structural adjectives are used as articles before nouns. There are several types of these adjectives: numerical, possessive, demonstrative, interrogative, and indefinite.

Les adjectifs numériques (Numerical adjectives)

As seen in Unit 9, cardinal and ordinal numbers can be used as nouns but are generally used as adjectives. In the following lists of cardinal and ordinal numbers, note that, except for **premier**, **cinquième**, and **neuvième**, the ordinal number is formed by adding the suffix **-ième** to the cardinal number (omitting the final **-e** if there is one).

un	*one*	**premier, première**	*first*
deux	*two*	**deuxième**	*second*
trois	*three*	**troisième**	*third*
quatre	*four*	**quatrième**	*fourth*
cinq	*five*	**cinquième**	*fifth*
six	*six*	**sixième**	*sixth*
sept	*seven*	**septième**	*seventh*
huit	*eight*	**huitième**	*eighth*
neuf	*nine*	**neuvième**	*ninth*

C'est la première fois que je viens ici.	*It is the first time I am coming here.*
C'est le quinzième jour de mes vacances.	*It is the fifteenth day of my vacation.*
Il fête son vingtième anniversaire.	*He celebrates his twentieth birthday.*
Elle habite au septième étage.	*She lives on the seventh floor.*
Le centième client recevra un prix.	*The hundredth client will receive a prize.*
Regarde à la cinquième page!	*Look on the fifth page!*
C'est ma soixante-douzième photo.	*It is my seventy-second photo.*

Je préfère lire. **I prefer reading.** *Complete each sentence with the ordinal number indicated in parentheses.*

1. Ce sera bientôt le _____ anniversaire de la naissance d'Albert Camus. (100th)

2. En 2007 on fêtera le _____ anniversaire de son Prix Nobel en Littérature pour son roman «*L'Étranger*». (50th)

3. Ce n'est pas la _____ fois que je lis ce roman. (1st)

4. Je crois bien l'avoir lu pour la _____ fois. (4th)

5. Mon professeur m'a dit que c'est sa _____ année à l'enseigner. (10th)

6. Bon. Je vois que cela ne t'intéresse pas trop. C'est la _____ fois que je te vois bâiller. (9th)

7. Et pourtant c'est la _____ fois au moins que tu regardes le même film. (3rd)

8. Oui, je sais, c'est la _____ fois que tu me répètes que tu préfères les films aux romans. (36th)

Les adjectifs possessifs (Possessive adjectives)

Possessive adjectives serve to express *my, your, his, her, our,* and *their.* They are masculine or feminine, and singular or plural according to the noun they describe. The adjectives **mon** (*my*), **ton** (*your—familiar*), and **son** (*his* or *her*) are used before a masculine singular noun, as well as before a feminine singular noun that starts with a vowel sound.

mon oncle (m.)	*my uncle*
ton pull (m.)	*your sweater*
son chat (m.)	*his/her cat*
mon amie (f.)	*my friend*
ton écharpe (f.)	*your scarf*
son étable (f.)	*his/her stable*

The adjectives **ma** (*my*), **ta** (*your—familiar*), and **sa** (*his* or *her*) are used before a feminine noun that does not start with a vowel sound.

ma tante (f.)	*my aunt*
ta robe (f.)	*your dress*
sa tortue (f.)	*his/her turtle*

The adjectives **mes** (*my*), **tes** (*your—familiar*), and **ses** (*his* or *her*) are used before plural nouns.

mes parents (m. pl.)	*my parents*
tes habits (m. pl.)	*your clothes*
ses animaux (m. pl.)	*his/her animals*

To express *our, your* (formal or plural), and *their,* the possessive adjectives are the same in the masculine singular and feminine singular forms.

notre voiture (f.)	*our car*
notre vélo (m.)	*our bike*
votre affiche (f.)	*your poster*
votre crayon (m.)	*your pencil*
leur université (f.)	*their university*
leur prof (m.)	*their teacher*

They are also the same in the masculine plural and feminine plural forms.

nos voitures (f. pl.)	*our cars*
nos vélos (m. pl.)	*our bikes*
vos affiches (f. pl.)	*your posters*
vos crayons (m. pl.)	*your pencils*
leurs universités (f. pl.)	*your universities*
leurs profs (m. pl.)	*their teachers*

EXERCICE

11·2

La rentrée des classes à l'université. **Back to school at the university.** *Complete each sentence with the appropriate possessive adjective. (There may be more than one correct answer.)*

1. Les élèves de mon cours de français aiment _____ nouveau professeur. Il est super!

2. Par contre les copains n'aiment pas _____ chambres. Elles sont trop petites.

3. Moi, _____ chambre est assez confortable.

4. _____ amis trouvent que j'ai de la chance.

5. Ils font souvent _____ devoirs chez moi.

6. José est l'exception. Il fait toujours _____ devoirs à la bibliothèque.

7. Je respecte _____ préférence. José fait comme il veut.

8. Nous avons tous _____ petites habitudes et _____ manies, n'est-ce pas?

Les adjectifs demonstratifs (Demonstrative adjectives)

Demonstrative adjectives serve to express *this, that, these,* or *those.* They are masculine or feminine, and singular or plural according to the noun they describe.

The adjective **ce** is used before a masculine singular noun starting with a consonant sound. However the adjective **cet** is used before a masculine singular noun if that noun starts with a vowel sound.

ce bateau (m.)	*this/that boat*
cet hôtel (m.)	*this/that hotel*

The adjective **cette** is used before any feminine singular noun.

cette fille (f.)	*this/that girl*
cette image (f.)	*this/that picture*

The adjective **ces** is used before any plural noun.

ces hommes (m. pl.)	*these/those men*
ces maisons (f. pl.)	*these/those houses*

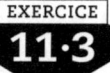

Un séjour romantique. **A romantic stay.** *Complete each sentence with the appropriate demonstrative adjective.*

1. Quelle splendide pleine lune _____ soir!

2. _____ dîner est vraiment sensationnel.

3. Et _____ auberge est charmante.

4. Où as-tu trouvé _____ endroit de rêve?

5. Je voudrais revenir ici _____ hiver.

6. _____ genre d'endroit bon marché est difficile à trouver.

7. Et _____ montagnes tout autour de nous sont ravissantes.

8. _____ vacances sont merveilleuses.

Les adjectifs interrogatifs (Interrogative adjectives)

Interrogative adjectives are used to express *what* or *which* in questions. They are also used in exclamations. They are masculine or feminine, and singular or plural according to the noun they describe.

Quel temps? (m. s.)	*What weather?*
Quelle heure? (f. s.)	*What time?*
Quels livres! (m. pl.)	*What books!*
Quelles couleurs! (f. pl.)	*What colors!*

In the following sentences, note how the interrogative adjective **quel** is used with **n'importe** to express *any whatsoever*.

Donne-moi **n'importe quel** manteau!	*Give me any coat!*
J'accepte **n'importe quelle** réponse.	*I accept any answer.*

Des exclamations et des questions! **Exclamations and questions!** *Complete each sentence with the correct interrogative adjective.*

1. _____ orage effrayant!

2. Oui, et _____ inondation! Regarde toute cette eau!

3. Vraiment! _____ temps horrible! Quand est-ce que ça va finir?

4. Bientôt, j'espère. En attendant, _____ film veux-tu regarder?

5. _____ drôle de question! Un film d'horreur, voyons!

6. _____ idée! Tu n'as pas assez peur comme ça avec cet orage?

7. Eh bien, non. C'est l'ambiance idéale. Mais _____ serait ta préférence?

8. N'importe _____ film excepté un film d'horreur!

People

In this unit you will learn about people, origins, nationalities, and languages. You will also learn to describe people's physical appearances and personality traits. In addition, you will see adjectives that describe specific groups of people, such as friends, lovers, parents, children, students, teachers, and politicians.

Les continents et les nationalités (Continents and nationalities)

Adjectives of nationality and origin serve to describe where a person is born. Many adjectives describe a person's origins based on the country that gives the person his or her nationality. However, some adjectives indicate that the person is from a certain continent, region, or city. The following adjectives describe the origins of a person based on the continent a person lives on.

africain(e)	*African*
américain(e)	*American*
asiatique	*Asian*
australien(ne)	*Australian*
européen(ne)	*European*

L'Afrique et les Africains (Africa and Africans)

The following adjectives describe the nationalities of people living in Africa.

africain(e) du sud	*South African*
algérien(ne)	*Algerian*
égyptien(ne)	*Egyptian*
éthiopien(ne)	*Ethiopian*
ivoirien(ne)	*Ivorian*
jordanien(ne)	*Jordanian*
kenyan(e)	*Kenyan*
libanais(e)	*Lebanese*
malgache	*Madagascan*
maghrébin(e)	*from Tunisia, Morocco, or Algeria*
marocain(e)	*Moroccan*
sénégalais(e)	*Senegalese*
somalien(e)	*Somalian*
soudanais(e)	*Sudanese*
tunisien(ne)	*Tunisian*

L'Asie et les Asiatiques (Asia and Asians)

The following adjectives describe the nationalities of people living in Asia.

afghan(e)	*Afghani*
chinois(e)	*Chinese*
coréen(ne)	*Korean*
hindou(e)	*Hindu*
iranien(ne)	*Iranian*
iraquien(ne)	*Iraqui*
israélien(ne)	*Israeli*
japonais(e)	*Japanese*
laotien(ne)	*Laotian*
pakistanais(e)	*Pakistani*
palestinien(ne)	*Palestinian*
philippin(e)	*Filipino*
vietnamien(ne)	*Vietnamese*

EXERCICE
12·1

D'où viennent-ils? *Where do they come from? Complete each sentence with the appropriate adjective of nationality or origin.*

1. Il vient d'Amérique. Il est _____.

2. Elle vient du Laos. Elle est _____.

3. Il vient du Vietnam. Il est _____.

4. Ils viennent d'Asie. Ils sont _____.

5. Elle est de la Côte d'Ivoire. Elle est _____.

6. Elles sont de la Tunisie. Elles sont _____.

7. Il vient du Liban. Il est _____.

8. Elle vient d'Australie. Elle est _____.

L'Amérique et les Américains (America and Americans)

The following adjectives describe the nationalities of people living in North and Central America.

américain(e)	*American*
antillais(e)	*from the Caribbean*
canadien(ne)	*Canadian*
cubain(e)	*Cuban*
dominicain(e)	*Dominican*
haïtien(ne)	*Haitian*
mexicain(e)	*Mexican*
portoricain(e)	*Puerto Rican*
québécois(e)	*Quebecois*

The following adjectives describe the places of birth of people who are French by nationality but were born in the Caribbean islands of Martinique or Guadeloupe.

guadeloupéen(ne)	*Guadeloupean*
martiniquais(e)	*Martinican*

The following adjectives describe the nationalities of people living in South America.

argentin(e)	*Argentinian*
bolivien(ne)	*Bolivian*
brésilien(ne)	*Brazilian*
chilien(ne)	*Chilean*
colombien(ne)	*Colombian*
costaricain(e)	*Costa Rican*
écuadorien(ne), équatorien(ne)	*Ecuadorian*
nicaraguayen(ne)	*Nicaraguan*
paraguayen(ne)	*Paraguayan*
péruvien(ne)	*Peruvian*
uruguayen(ne)	*Uruguayan*
vénézuélien(ne)	*Venezuelan*

EXERCICE
12·2

D'où viennent-ils? *Where do they come from? Complete each sentence with the appropriate adjective of nationality or origin.*

1. Il est _____. Il est né en Uruguay.

2. Ils sont _____. Ils vivent en Colombie.

3. Elles sont _____. Elles vivent aux Antilles.

4. Elle est _____. Elle vit en Haïti.

5. Ils sont _____. Ils vivent au Québec.

6. Elle est _____. Elle vit à Costa Rica.

7. Elles sont _____. Elles vivent au Pérou.

8. Il est _____. Il vit en Martinique.

L'Europe et les Européens (Europe and Europeans)

The following adjectives describe the nationalities of people living in Europe.

allemand(e)	*German*
anglais(e)	*English*
autrichien(ne)	*Austrian*
belge	*Belgian*
bosniaque	*Bosnian*
croate	*Croatian*
danois(e)	*Danish*
espagnol(e)	*Spanish*
finlandais(e)	*Finnish*

français(e)	*French*
grec(que)	*Greek*
hongrois(e)	*Hungarian*
italien(ne)	*Italian*
luxembourgeois(e)	*from Luxemburg*
polonais(e)	*Polish*
portugais(e)	*Portuguese*
roumain(e)	*Romanian*
russe	*Russian*
serbe	*Serb*
suédois	*Swedish*
suisse	*Swiss*
tchèque	*Czech*
ukrainien(ne)	*Ukrainian*

EXERCICE

12·3

Quelle est leur nationalité? **What is their nationality?** *Complete each sentence with the appropriate adjective of nationality.*

1. Dara habite en Iran. Elle est _____.

2. Jean-Pierre habite en France. Il est _____.

3. Sara habite en Israël. Elle est _____.

4. Hans habite en Allemagne. Il est _____.

5. Luigi habite en Italie. Il est _____.

6. Ado habite au Japon. Il est _____.

7. Alice habite au Québec. Elle est _____.

8. Moïse habite en Egypte. Il est _____.

9. Salimata habite au Sénégal. Elle est _____.

10. Aaron habite en Tunisie. Il est _____.

11. Ann habite aux États-Unis. Elle est _____.

12. Juan habite au Mexique. Il est _____.

La France et les Français (France and the French)

In the following examples, note how French adjectives of nationality are not capitalized. Also note how the ending of the feminine adjective is always -**e**, while the ending of the plural adjective is always -**s**.

Il est français.	*He is French.*
Elle est française.	*She is French.*
Il est suisse.	*He is Swiss*
Ils sont suisses.	*They are Swiss.*

Ils sont parisiens.   *They are from Paris.*
Elles sont parisiennes.   *They are from Paris.*

There are many adjectives that indicate the region or city in France a person comes from.

Mireille est niçoise.   *Mireille is from Nice.*
Fernand est marseillais.   *Fernand is from Marseilles.*

Adjectives are also frequently used to describe a culinary specialty of a region or a city. Examples of such specialties with brief descriptions are included in the following list.

alsacien(ne)	*from the Alsace region*
Riesling alsacien	*Alsatian Riesling wine*
bourguignon(ne)	*from the Burgundy region*
bœuf bourguignon	*beef cooked in Burgundy wine*
breton(ne)	*from the Brittany region*
crêpe bretonne	*thin pancake*
lorrain(e)	*from the Lorraine region*
quiche lorraine	*egg, cheese, ham, and cream quiche*

L'apparence physique (Physical appearance)

Some frequently used adjectives to describe a person often describe the hair, eyes, size, and weight.

baraqué	*well built*
beau, belle	*handsome, beautiful*
blond(e)	*blond*
châtain(e)	*brown haired*
dodu(e)	*plump*
fluet(te), élancé(e)	*slender*
grand(e)	*tall*
grisonnant(e)	*grayish (hair)*
gros, grosse	*fat*
jeune	*young*
joli(e)	*pretty*
laid(e)	*ugly*
maigre	*skinny*
mignon(ne)	*cute*
mince	*thin*
moche	*ugly*
musclé(e)	*muscular*
petit(e)	*small*
ridé(e)	*wrinkled*
roux, rousse	*red haired*
séduisant(e)	*attractive, seductive*
sexy	*sexy*
trapu(e)	*stocky*
vieux, vieille	*old*

Cette actrice est très séduisante.   *This actress is very seductive.*
Mon père est grisonnant sur les côtés.   *My father is getting gray hair on the sides.*
Ce garçon est petit mais musclé.   *That boy is small but muscular.*

Ce gros bébé est mignon.	*That fat baby is cute.*
Regarde la fille rousse! C'est ma sœur.	*Look at the red-haired girl! That's my sister.*
Les sorcières sont généralement laides.	*Witches are generally ugly.*
Tu es maigre! Tu ne manges pas assez.	*You are skinny! You do not eat enough.*

EXERCICE

12·4

Comment est chaque personne? What does each person look like? *For each physical trait, write the letter of the corresponding attributes.*

_____ 1. Il est vieux et... sur les côtés.   a. mignon

_____ 2. Il est sexy et...   b. gros

_____ 3. Le petit garçon est petit, mince et...   c. ridé

_____ 4. Il est baraqué et...   d. rouquin

_____ 5. Cet enfant est dodu et même un peu...   e. séduisant

_____ 6. Ce petit est beau et...   f. grisonnant

_____ 7. Ce vieux monsieur est... dans la figure.   g. fluet

_____ 8. Il a les cheveux roux. C'est un...   h. musclé

Les traits de caractère (Personality traits)

Another way to describe a person is to present his or her personality. Although personality traits are shared by many people, some adjectives are more frequently used between friends and others more often apply to parents or teachers.

Les amis (Friends)

Here are some adjectives that can be used to describe friends.

amorphe	*apathetic*
bon, bonne	*good*
discret, discrète	*discreet*
énergique	*energetic*
essentiel(le)	*essential*
extraverti(e)	*extroverted*
fiable	*reliable*
honnête	*honest*
humble	*humble*
hypocrite	*hypocritical*
impatient(e)	*impatient*
important(e)	*important*
indiscret, indiscrète	*indiscreet*
ingrat(e)	*ungrateful*
insensible	*insensitive*
introverti(e)	*introverted*
mauvais(e)	*bad*

meilleur(e)	*better, best*
sensible	*sensitive*
sincère	*sincere*
sociable	*sociable*
sympathique, sympa	*nice*

Il a mauvais caractère.	*He is bad tempered.*
J'aime les gens sincères.	*I like sincere people.*
Il faut être sensible aux problèmes d'autrui.	*You must be sensitive to others' problems.*
Les jeunes gens sont quelquefois indiscrets.	*Young people are sometimes indiscreet.*
Un bon ami est fiable.	*A good friend is reliable.*
C'est ma meilleure amie.	*It is my best friend.*

Les amoureux (Lovers)

Many adjectives are used to describe people in love. Here are a few.

amoureux, amoureuse	*in love*
aveugle	*blind*
aveuglé(e)	*blinded*
chaleureux, chaleureuse	*warm*
émouvant(e)	*moving*
ému(e)	*moved*
étourdi(e)	*dizzy*
fidèle	*faithful*
infidèle	*unfaithful*
fou, folle	*crazy*
galant(e)	*gallant*
heureux, heureuse	*happy*
insatiable	*insatiable*
intime	*intimate*
jaloux, jalouse	*jealous*
loyal(e)	*loyal*
passionné(e)	*passionate*
prévenant(e)	*gallant, helpful*
radieux, radieuse	*radiant*
seul(e) au monde	*alone in the world*
touchant(e)	*moving*

Son fiancé est très prévenant.	*Her fiancé is very gallant.*
Elle espère qu'il est fidèle et loyal.	*She hopes he is faithful and loyal.*
On dit que les amoureux sont aveugles.	*It is said that people in love are blind.*
Ils passent une soirée intime.	*They are spending an intimate evening.*
Ils se sentiront seuls au monde.	*They will feel alone in the world.*
Elle est émue quand il se montre passionné.	*She is moved when he shows passion.*
Quelle histoire d'amour touchante!	*What a moving love story!*

Vrai ou Faux? **True or False?** *Write* **V** *for* **vrai** *or* **F** *for* **faux** *next to each statement.*

_____ 1. Un vrai ami est jaloux de toi si tu réussis.

_____ 2. Un amoureux est galant envers la femme qu'il courtise.

_____ 3. Le jour de son mariage une femme est radieuse.

_____ 4. Un bon ami est discret et ne révèle pas tes confidences.

_____ 5. Un ami infidèle est un ami pour toujours.

_____ 6. On ne reste pas fâché longtemps avec ses meilleurs amis.

_____ 7. On dit que les amoureux sont aveugles.

_____ 8. Une personne introvertie est toujours déprimée.

_____ 9. Un ami trompé est dégoûté de la vie.

_____ 10. Les vrais amis sont honnêtes et sincères l'un envers l'autre.

Les parents (Parents)

Here are some adjectives that can be used to describe parents.

affectueux, affectueuse	*affectionate*
anxieux, anxieuse	*anxious*
autoritaire	*authoritarian*
compétent(e)	*competent*
fier, fière	*proud*
impuissant	*unable*
indulgent(e)	*indulgent*
injuste	*unfair*
inquiet, inquiète	*worried*
intéressé(e)	*interested*
irremplaçable	*irreplaceable*
juste	*just*
laxiste	*permissive*
préoccupé(e)	*preoccupied*
protecteur, protectrice	*protective*
résolu(e)	*resolute*
responsable	*responsible*
satisfait(e)	*satisfied*
soucieux, soucieuse	*worried*
strict(e)	*strict*
surpris(e)	*surprised*

De bons parents veulent se montrer justes.	*Good parents want to be just.*
Une maman est irremplaçable.	*A mom is irreplaceable.*
Des parents laxistes ont peu de règles.	*Permissive parents have few rules.*

Ils sont soucieux de la santé de leurs enfants.	*They care about their children's health.*
Des parents stricts font suivre les règles.	*Strict parents have rules obeyed.*
Un père indulgent pardonne facilement.	*An indulgent father forgives easily.*

Les enfants (Children)

Here are some adjectives frequently used to describe children.

actif, active	*active*
bien élevé(e)	*well-behaved*
calme	*calm*
capricieux, capricieuse	*whimsical, moody*
chouchouté(e)	*babied*
curieux, curieuse	*curious*
désobéissant(e)	*disobedient*
dorloté(e)	*nurtured*
doux, douce	*gentle*
enjoué(e)	*playful*
gâté(e)	*spoiled*
gentil, gentille	*nice*
hyperactif, hyperactive	*hyperactive*
imaginatif, imaginative	*imaginative*
impoli(e)	*rude*
innocent(e)	*innocent*
insolent(e)	*insolent*
mal élevé(e)	*misbehaved*
malicieux, malicieuse	*malicious*
obéissant(e)	*obedient*
patient(e)	*patient*
persévérant(e)	*persevering*
poli(e)	*polite*
précoce	*precocious*
récalcitrant(e)	*stubborn*
sage	*good (nice)*
surdoué(e)	*gifted*

Les enfants surdoués sont très imaginatifs.	*Gifted students are very imaginative.*
Il faut que les enfants soient polis.	*Children must be polite.*
Dara est une petite fille très gentille.	*Dara is a very nice little girl.*
Les enfants récalcitrants n'obéissent pas.	*Stubborn children do not obey.*
J'adore les enfants bien élevés.	*I love well-behaved children.*
Papa lui a dit d'être sage à l'école.	*Dad told him/her to be good at school.*
Quels enfants chouchoutés!	*What babied children!*

EXERCICE
12·6

***Quelle sorte de parents sont les Dupont?* What kind of parents are the Duponts?**
Complete each sentence with an appropriate adjective from the list provided.

autoritaires	indulgents	surpris	affectueux
justes	satisfaits	stricts	fiers

1. Les Dupont chouchoutent leurs enfants. Ils leur donnent souvent des bises et des caresses. Ils sont _____.

2. Quand les enfants sont désobéissants, ils savent se montrer _____.

3. Quand les enfants sont capricieux, ils sont souvent très _____ avec eux et leur donnent des punitions.

4. Mais quand les enfants sont patients et gentils, les Dupont sont _____.

5. La plupart du temps, les enfants sont enjoués et actifs. S'il arrive un petit accident, les parents sont _____.

6. Si jamais les enfants sont mal élevés avec les professeurs, leurs parents sont extrêmement _____ car c'est si rare.

7. Les Dupont essaient d'être toujours _____ avec leurs enfants et de les traiter tous les deux de la même manière.

8. Quand les professeurs disent aux Dupont que leurs enfants sont surdoués et sages, ils sont si _____ d'eux.

Les professeurs (Teachers)

Here are some adjectives frequently used to describe teachers.

accessible	accessible
amical(e)	friendly
amusant(e)	amusing, fun
antipathique	unlikable
attentif, attentive	attentive
bien formé(e)	well trained
compréhensif, compréhensive	understanding
décourageant(e)	discouraging
détaché(e)	aloof
disponible	available
encourageant(e)	encouraging
expérimenté(e)	experienced
incompétent(e)	incompetent
indifférent(e)	indifferent
indisponible	unavailable
inexpérimenté(e)	inexperienced
ingénieux, ingénieuse	ingenious
instruit(e)	educated
motivé(e)	motivated
populaire	popular
qualifié(e)	qualified
sérieux (se)	serious
serviable	helpful
sévère	strict, severe

Un professeur indifférent n'est pas sympa.	An indifferent teacher is not nice.
Un professeur peut être inexpérimenté.	A teacher can be inexperienced.
J'ai eu des professeurs amusants.	I had amusing teachers.

Mon prof de math est compréhensif.
Elle n'est jamais disponible après
    les cours.

My math teacher is understanding.
She is never available after class.

***Lequel est un bon professeur?* Which one is a good teacher?** *Place a check mark (√) next to the adjectives that portray a teacher positively.*

_____ 1. Il est inexpérimenté mais très enthousiaste et serviable.

_____ 2. Il est toujours disponible même après l'école.

_____ 3. Il est sévère, détaché et inaccessible.

_____ 4. Il est populaire mais incompétent.

_____ 5. Elle est qualifiée et ingénieuse.

_____ 6. Elle est instruite et expérimentée.

_____ 7. Elle est encourageante et amusante.

_____ 8. Elle est antipathique et pas du tout compréhensive.

Les étudiants (Students)

Here are some adjectives frequently used to describe students.

absent(e)	*absent*
antagoniste	*antagonistic*
attentif, attentive	*attentive*
discipliné(e)	*disciplined*
doué(e)	*talented*
enthousiaste	*excited*
exceptionnel(le)	*exceptional*
fort(e)	*good*
idéaliste	*idealist*
impatient(e)	*impatient*
imprudent(e)	*reckless*
indépendant(e)	*independent*
maniaque	*compulsive*
optimiste	*optimist*
organisé(e)	*organized*
paresseux, paresseuse	*lazy*
patient(e)	*patient*
pessimiste	*pessimist*
poli(e)	*polite*
présent(e)	*present*
prudent(e)	*cautious*
réaliste	*realist*
rebelle	*rebellious*
studieux, studieuse	*studious*

travailleur, travailleuse	*hardworking*
zélé(e)	*full of zeal*

Jérémy est absent aujourd'hui.	*Jeremy is absent today.*
Il est studieux et travailleur.	*He is studious and hardworking.*
De plus il est toujours poli envers tous.	*In addition he is polite toward everyone.*
Il n'est jamais antagoniste comme certains.	*He is never antagonistic like some.*
C'est bien d'être organisé.	*It is good to be organized.*
Mais il ne faut pas être maniaque.	*But you should not be a compulsive person.*
Il y a des gens doués mais paresseux.	*There are people who are talented but lazy.*
Être rebelle n'est pas toujours un défaut.	*To be rebellious is not always a fault.*

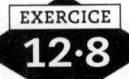

EXERCICE
12·8

***Lequel est un bon élève?* Which one is a good student?** *Place a check mark (√) next to the adjectives that portray a student positively.*

_____ 1. Léon est travailleur.

_____ 2. Nadine est paresseuse.

_____ 3. Jérémy est toujours présent en classe.

_____ 4. Suzanne est très organisée et studieuse.

_____ 5. Raymond est exceptionnellement doué en maths.

_____ 6. Annie est maniaque et ne travaille avec personne.

_____ 7. Mimi est antagoniste et rebelle.

_____ 8. Jasmine est indisciplinée et n'est pas organisée.

_____ 9. Luc est réaliste et il coopère toujours.

_____ 10. Jean-Marc est conformiste et attentif.

Les artistes (Artists)

Here are some adjectives frequently used to describe artists.

adoré(e)	*adored*
apprécié(e)	*appreciated*
célèbre	*famous*
comique	*funny*
connu(e)	*known*
copié(e)	*copied*
créatif, créative	*creative*
déchaîné(e)	*unruly, out of control*
drôle	*funny*
fascinant(e)	*fascinating*
génial(e)	*amazing*
grâcieux	*graceful*
imité(e)	*imitated*

inventif, inventive	*inventive*
original(e)	*original*
passionné(e)	*passionate*
réaliste	*realist*

Gauguin était un artiste inventif et original.	*Gauguin was an inventive and original artist.*
Marcel Marceau a été imité par beaucoup.	*Marcel Marceau was imitated by many.*
Les ballerines sont grâcieuses.	*Ballerinas are graceful.*
Catherine Deneuve est connue et appréciée.	*Catherine Deneuve is known and appreciated.*
Il y a des musiciens qui sont déchaînés sur la scène.	*There are musicians who are unruly on stage.*

EXERCICE
12·9

Comment peut-on caractériser chaque artiste? **How can we characterize each artist?** *For each description, complete each sentence with the appropriate adjective from the previous list.*

1. Un artiste qui a du génie est _____.

2. Un artiste qui accepte la vie sans l'idéaliser est _____.

3. Un artiste qui a le don de la création originale est _____.

4. Un artiste qui est connu et copié de tous est _____.

5. Un artiste indiscipliné et qui ne suit pas les conventions est _____.

6. Un artiste qui fait rire est _____.

Les politiciens (Politicians)

Here are some adjectives frequently used to describe politicians.

acharné(e)	*relentless*
ambitieux, ambitieuse	*ambitious*
bien intentionné(e)	*well intentioned*
charismatique	*charismatic*
convaincu(e)	*convinced*
corrompu(e)	*corrupt*
crédible	*credible*
critiqué(e)	*criticized*
courageux, courageuse	*courageous*
débrouillard(e)	*resourceful*
désigné(e)	*appointed*
diplomate	*diplomatic*
élu(e)	*elected*
félicité(e)	*congratulated*
honnête	*honest*
incrédible	*not believable*
irresponsable	*irresponsible*

lâche	*coward*
malhonnête	*dishonest*
persuasif, persuasive	*persuasive*
protestataire	*prone to protest*
responsable	*responsible*
ridiculisé(e)	*ridiculed*

Des politiciens malhonnêtes sont dangereux.	*Dishonest politicians are dangerous.*
Il faut être diplomate en politique.	*You must be diplomatic in politics.*
Les sénateurs sont élus.	*Senators are elected.*
Une politicienne persuasive aura beaucoup de votes.	*A persuasive politician will get a lot of votes.*
Les gens débrouillards se sortent d'affaire.	*Resourceful people manage.*
Il est triste de voir quelqu'un ridiculisé.	*It is sad to see somebody ridiculed.*

EXERCICE
12·10

Pour lequel de ces politiciens allez-vous voter? **For which of these politicians will you vote?** *Place a check mark (√) next to the politicians for whom you would vote.*

_____ 1. Elle est persuasive dans tous les domaines.

_____ 2. Il a été ridiculisé pour ses affaires sordides.

_____ 3. Elle est honnête mais diplomate.

_____ 4. Il est ambitieux et bien intentionné.

_____ 5. Elle est débrouillarde.

_____ 6. Il était irresponsable comme gouverneur de son état.

_____ 7. Il est charismatique et crédible.

_____ 8. Elle est acharnée dans son travail.

·13· Health and nutrition

In this unit you will learn adjectives that describe people's health (good or bad) as well as adjectives that describe people's feelings and conditions when affected by various ailments. You will also become familiar with adjectives that describe different types of medicine, care, and surgeries.

En bonne santé (In good health)

A person's health is essential to his or her happiness, level of activity, and productivity. Here are a few useful adjectives concerning good health.

actif, active	*active*
bien nourri(e)	*well nourished*
bien portant(e)	*in good health*
convalescent(e)	*convalescent*
énergique	*energetic*
fort(e)	*strong*
guéri(e)	*healed*
musclé(e)	*muscular*
plein(e) de santé	*full of health*
radieux, radieuse	*radiant*
reposé(e)	*rested*
soigné(e)	*cared for*
vacciné(e)	*vaccinated*

On se sent bien quand on est bien portant.	*You feel good when you are healthy.*
On dit qu'une femme enceinte est radieuse.	*A pregnant woman is said to be radiant.*
Une personne reposée est pleine d'énergie.	*A rested person is full of energy.*
Il a été opéré et il est convalescent.	*He was operated on, and he is convalescing.*
Il faut être bien nourri pour bien travailler.	*You have to be well nourished in order to work well.*

En mauvaise santé (In bad health)

Unfortunately we are not always in the best of health. Here are a few adjectives concerning bad health.

alité(e)	*bedridden*
amaigri(e)	*grown thin*

déshydraté(e)	dehydrated
diabétique	diabetic
drogué(e)	drugged
émacié(e)	emaciated
faible	weak
fatigué(e)	tired
fiévreux, fiévreuse	feverish
fragile	fragile
grippé(e)	sick with flu
inactif, inactive	inactive
intoxiqué(e)	intoxicated
mal nourri(e)	malnourished
malade	sick
maladif, maladive	sickly
moribond(e)	dying
névrosé(e)	hysterical
obèse	obese
souffrant(e)	sick, in pain

Il est grippé, le pauvre homme!	He has the flu, poor man!
Il a toujours été maladif et fragile.	He has always been sickly and fragile.
Il était presque moribond l'an dernier.	He was almost dying last year.
Il est si émacié qu'on ne le reconnaît pas.	He is so emaciated you can't recognize him.
Cette personne intoxiquée se conduit mal.	This intoxicated person behaves badly.

EXERCICE
13·1

François est-il en bonne santé en ce moment? *Is François in good health at the* **moment?** *For each sentence, agree with **oui** or disagree with **non** on the lines provided.*

_____ 1. Il est presque toujours souffrant.

_____ 2. Il est amaigri.

_____ 3. Il est bien portant.

_____ 4. Il est faible.

_____ 5. Il est reposé et radieux.

_____ 6. Il est grippé.

_____ 7. Il est musclé et en forme.

_____ 8. Il est émacié.

_____ 9. Il est plein de santé.

_____ 10. Il est fort et actif.

La médecine (Medicine)

To stay in good health or to restore good health, people often need medical care. Here are some adjectives that describe various types of medical care options.

La médecine peut être...	Medicine may be . . .
alternative	*alternative*
conventionnelle	*conventional*
esthétique	*esthetic*
expérimentale	*experimental*
générale	*general*
homéopathique	*homeopathic*
nutritionnelle	*nutritional*

C'est un médecin homéopathique.	*This is a homeopathic doctor.*
Il a une approche plus nutritionnelle.	*He has a more nutritional approach.*

Les soins (Health care)

Here are some adjectives to describe health care.

Les soins peuvent être...	Care may be . . .
hygiéniques	*hygienic*
intensifs	*intensive*
palliatifs	*palliative*
professionnels	*professional*
quotidiens	*daily*
d'urgence	*urgent*

L'infirmier donne des soins d'urgence.	*The nurse gives urgent care.*
Le blessé est en soins intensifs.	*The wounded man is in intensive care.*

La chirurgie (Surgery)

Here are some adjectives to describe various types of surgery.

La chirurgie peut être...	Surgery may be . . .
cardiaque	*cardiac*
dentaire	*dental*
digestive	*digestive*
générale	*general*
infantile	*infantile*
orthopédique	*orthopedic*
plastique	*plastic*

La chirurgie cardiaque fait des progrès.	*Cardiac surgery is making progress.*
La chirurgie plastique est nécessaire pour les victimes de brûlures.	*Plastic surgery is necessary for burn victims.*

Les maladies et les troubles (Illnesses and ailments)

Here are some adjectives to describe illnesses and ailments.

bénin(e)	*benign*
cardiaque	*cardiac*
gastrique	*gastric*
grave	*serious*
infectieux, infectieuse	*infectious*
nerveux, nerveuse	*nervous*
psychique	*psychological*

respiratoire	*respiratory*
vasculaire	*vascular*

La tumeur était bénine.	*The tumor was benign.*
C'est une maladie nerveuse.	*It is a nervous disorder.*
Elle a des troubles respiratoires.	*She has respiratory troubles.*

Les régimes (Diets)

Here is a list of adjectives frequently used to describe diets and diet foods.

alimentaire	*food diet*
amincissant(e)	*weight-reducing*
draconien(ne)	*draconian*
équilibré(e)	*balanced*
frais, fraîche	*fresh*
gras(se)	*fat*
naturel(le)	*natural*
nutritionnel(le)	*nutritional*
organique	*organic*
peu calorique	*low in calories*
revitalisant(e)	*revitalizing*
saturé(e)	*saturated*
sucré(e)	*sweet*
tonifiant(e)	*energizing*
végétal(e)	*from plants*

Je mange des légumes frais.	*I eat fresh vegetables.*
J'évite les matières grasses.	*I avoid fatty substances.*
L'huile saturée est mauvaise pour le cholestérol.	*Saturated oil is bad for cholesterol.*
Les jus de fruit sont tonifiants.	*Fruit juices are energizing.*
Il nous faut un régime équilibré.	*We need a balanced diet.*

EXERCICE

13·2

Comment va Raymonde? **How is Raymonde?** *In the following paragraph, complete each sentence with the appropriate word from the list provided.*

gastriques	quotidiennes	digestive	végétales	malade
amincissant	alimentaire	sucrés	saturés	draconien

Raymonde est tombée gravement (1) _____. Elle souffre de troubles
(2) _____. Si cela continue, son médecin va avoir recours à la chirurgie
(3) _____. Pour le moment, elle prend des doses (4) _____
de médicaments pour calmer les douleurs. Pauvre Raymonde! Elle doit aussi suivre un
régime (5) _____ très strict; son régime est même (6) _____ en ce
moment. Par exemple, elle doit manger des substances (7) _____ fraîches et
revitalisantes. Elle ne peut pas manger d'aliments (8) _____ ni (9) _____
de matières grasses. On peut dire que c'est un régime (10) _____: elle va perdre
des kilos. Enfin j'espère qu'elle ira bientôt mieux.

Les aliments (Foods)

Good nutrition keeps the doctor away. Here is a list of adjectives frequently used to describe foods and drinks.

aigre	*sour*
alcoolique	*alcoholic*
alcoolisé(e)	*alcoholic*
amer, amère	*bitter*
aromatisé(e)	*flavored*
chaud(e)	*warm, hot*
délicieux, délicieuse	*delicious*
désaltérant(e)	*thirst-quenching*
épicé(e)	*spicy*
exquis(e)	*exquisite*
froid(e)	*cold*
gazeux, gazeuse	*fizzy*
immangeable	*inedible*
juteux, juteuse	*juicy*
léger, légère	*light*
lourd(e)	*heavy*
(peu) nutritif, nutritive	*(non) nutritious*
parfumé(e)	*flavored*
pétillant(e)	*sparkling*
rafraîchissant(e)	*refreshing*
riche	*rich*
sain(e)	*healthy*
salé(e)	*salty*
savoureux, savoureuse	*tasty*
succulent(e)	*succulent*
sucré(e)	*sweet*
végétarien, végétarienne	*vegetarian*

Je n'aime pas les repas trop riches.	*I do not like overly rich meals.*
Les produits organiques sont plus sains.	*Organic products are healthier.*
Un citron pressé est rafraîchissant.	*Freshly squeezed lemonade is refreshing.*
Ce café est aromatisé.	*This coffee is flavored.*
Moi, j'aime l'eau gazeuse.	*I like sparkling water.*
Je n'aime que les fruits juteux.	*I only like juicy fruits.*
Une salade est un repas léger.	*A salad is a light meal.*

EXERCICE
13·3

Quel en est le goût? How does it taste? *Circle the letter of the most appropriate answer to complete each sentence.*

1. Cette glace est... à la vanille.

   a. parfumée   b. alcoolisée

2. Ce bœuf est... et tendre.

   a. succulent   b. pétillant

3. Cette limonade est...

   a. épicée   b. froide

4. Ce citron pressé est...

   a. riche   b. aigre

5. Ce plat végétarien est...

   a. juteux   b. sain

6. Ce vieux poulet est...

   a. délicieux   b. immangeable

7. Ce nouveau plat mexicain est vraiment...

   a. peu nutritif   b. exotique

8. Ce champagne est très...

   a. pétillant   b. salé

9. Ce café chaud est trop...

   a. sucré   b. rafraîchissant

10. Cette tomate est...

   a. juteuse   b. gazeuse

Animals and nature

In this unit you will learn adjectives that can be used to describe animals, landscapes, flowers, plants, trees, water, and weather.

Animaux (Animals)

Animals play an important role in our lives. They can be cherished companions, domesticated, and trained. They are sometimes mistreated, and some species (**espèces**) are in danger of becoming extinct.

Les animaux en tant que compagnons (Pets as companions)

Many pets live very happy lives with their owners. Here are some terms to describe them.

abrité(e)	sheltered
affectueux, affectueuse	affectionate
apprivoisé(e)	tamed
bien traité(e)	treated well
caressé(e)	petted, caressed
confiant(e)	trusting
courageux, courageuse	brave
domestique	domestic
doux, douce	sweet
dressé(e)	trained
enjoué(e)	playful
gâté(e)	spoiled
nourri(e)	nourished
obéissant(e)	obedient
pouponné(e)	babied
propre	clean
protégé(e)	protected
reconnaissant(e)	grateful
sauvé(e)	saved, rescued
soigné(e)	cared for
utile	useful

Le petit prince a un renard a apprivoisé comme ami.	*The little prince has a tamed fox as a friend.*
Les chats sont pouponnés.	*Cats are babied.*

Les animaux bien nourris sont énergiques.	*Well-fed animals are energetic.*
Un chien sauvé est reconnaissant.	*A rescued dog is grateful.*
Un animal soigné est propre.	*A cared-for animal is clean.*
Beaucoup d'animaux sont utiles.	*Many animals are useful.*

Les animaux sauvages (Wild animals)

Many animals, such as wolves, bears, and deer, live in the wild. Although they are protected in national parks and zoos, they are prey to hunters and poachers when they are free. Here are a few terms to discuss this topic.

abusé(e)	*abused*
affamé(e)	*famished*
apeuré(e)	*scared*
assoiffé(e)	*thirsty*
carnivore	*carnivorous*
chassé(e)	*hunted*
dangereux, dangereuse	*dangerous*
emprisonné(e)	*imprisoned*
féroce	*ferocious*
maltraité(e)	*mistreated*
méchant(e)	*mean*
méfiant(e)	*mistrustful*
menacé(e)	*threatened*
nocturne	*nocturnal*
nuisible	*harmful*
piégé(e)	*trapped*
sauvage	*wild*

Un animal maltraité devient méfiant.	*A mistreated animal becomes mistrustful.*
Les loups affamés sont dangereux.	*Famished wolves are dangerous.*
Certaines espèces d'aigles sont menacées.	*Certain eagle species are endangered.*
Les ours sont carnivores.	*Bears are carnivorous.*
Les cerfs sont souvent chassés.	*Deer are often hunted.*
Les lièvres sont piégés par des chasseurs.	*Hares are trapped by hunters.*
La chouette est un animal nocturne.	*The owl is a nocturnal animal.*

EXERCICE
14·1

Ma chienne Fifi. My dog Fifi. *Complete each sentence with the appropriate adjective from the list provided.*

rare	utile	pouponnée	dressée	obéissante	gâtée
méchante	sauvage	soignée	affectueuse	courageuse	traitée
affamés	assoiffés	protégés	traités	abusés	heureux

J'ai une chienne très bien (1) _____ qui s'appelle Fifi. Elle m'écoute toujours et elle est vraiment (2) _____. Elle n'est jamais (3) _____. Au contraire, elle est même trop (4) _____ car elle veut toujours me lécher. Une chienne comme Fifi est (5) _____. Où allez-vous trouver une chienne aussi intelligente et surtout (6) _____? Eh oui, elle m'apporte mon journal et mes pantoufles tous les matins. Imaginez cela! De plus, Fifi est très propre et (7) _____: je lui brosse le poil et les dents une fois par jour. Elle est si bien (8) _____ chez moi qu'elle se sent (9) _____ et confiante. Elle est peut-être (10) _____ par toutes mes attentions, mais malgré cela, elle est bien (11) _____, ma Fifi. Elle me défendrait contre n'importe quel animal (12) _____. Je suis bien content d'avoir une si bonne chienne!

Je pense souvent aux animaux qui n'ont pas la chance de Fifi: ceux qui sont (13) _____, (14) _____ et même (15) _____. Les pauvres animaux; ils ne méritent probablement pas d'être (16) _____ de cette manière. Ils ont besoin d'être (17) _____ et apprivoisés. Des animaux (18) _____ sont des animaux reconnaissants!

Les paysages (Landscapes)

The world is full of exotic and intriguing landscapes. France, for example, is known for its variety of **paysages** such as the Alps and its Mediterranean shores in the southeast, or its valleys like the **Vallée de la Loire** in the northwest. Here are some adjectives frequently used to describe landscapes and sceneries.

aride	*arid*
beau, belle	*beautiful*
boisé(e)	*wooded*
calme	*calm*
champêtre	*rural*
déboisé(e)	*deforested*
désertique	*desert*
dévasté(e)	*devasted*
enchanteur, enchanteresse	*enchanting*
enneigé(e)	*snowed in*
forestier, forestière	*wooded*
industriel(le)	*industrial*
laid(e)	*ugly*
littoral(e)	*coastal*
lumineux, lumineuse	*luminous, bright*
magique	*magical*
maritime	*maritime*
méditerranéen(ne)	*Mediterranean*
montagneux, montagneuse	*mountainous*
paisible	*peaceful*
panoramique	*panoramic*
pittoresque	*picturesque*
plat(te)	*flat*
rural(e)	*rural*
spectaculaire	*spectacular*
tropical(e)	*tropical*
urbain(e)	*urban*
vaste	*vast*
viticole	*wine-producing*
volcanique	*volcanic*

Une diversité de paysages. **A diversity of landscapes.** *Complete each sentence with the appropriate word from the list provided.*

plat	viticole	déboisé	champêtre	urbain
spectaculaire	désertique	lumineux	enneigées	méditerranéen
enchanteur	romantique	volcanique	maritime	montagneux

1. Dans la région de Bordeaux où on fait la culture des vignes, le paysage est _____.

2. Dans les jungles de l'Amazonie, on a souvent un paysage _____ avec des cascades et des forêts vierges splendides.

3. À New York, le paysage _____ consiste en tours et en gratte-ciel.

4. En Alsace on se trouve souvent face à un paysage _____ avec de grands prés et de grandes étendues cultivées.

5. Au Sahara, le paysage est _____.

6. On dit qu'en Haïti le paysage est très _____ depuis qu'on a coupé tant d'arbres.

7. Sur les côtes de Bretagne et de Normandie, le paysage est _____.

8. En Provence où le soleil règne, on trouve un paysage _____.

9. Un paysage provençal avec des oliviers et des cyprès est un paysage _____.

10. Le paysage de la Savoie qui se trouve dans les Alpes est _____.

11. Le paysage de la Floride est tout à fait _____.

12. Le paysage écossais avec ses brumes et ses châteaux charmants est _____.

Les fleurs, les plantes et les arbres (Flowers, plants, and trees)

Flowers, plants, and trees play an important role in our environment. They are both useful and instrumental in beautifying our surroundings. Here are some adjectives frequently used to describe flowers, plants, and trees.

à feuillage persistant	*evergreen*
annuel(le)	*annual*
caduque	*deciduous*
délicat(e)	*delicate*
déraciné(e)	*uprooted*
éphémère	*ephemeral*
fané(e)	*wilted*
fécond(e)	*fruitful, fertile*
feuillu(e)	*with foliage*
fort(e)	*strong*

fragile	*fragile*
fruitier, fruitière	*bearing fruit*
grand(e)	*tall, big*
haut(e)	*high*
mûr(e)	*mature*
nouveau, nouvelle	*new*
nu(e)	*bare*
odorant(e)	*strong-smelling*
parfumé(e)	*fragrant*
taillé(e)	*trimmed*
vieux, vieille	*old*
vivace	*perennial*

EXERCICE
14·3

Quelques observations sur la nature. **A few observations on nature.** *Circle the letter of the appropriate word to complete each sentence.*

1. Les roses fraîchement taillées sont...
   a. vieilles   b. odorantes

2. Un arbre... perd ses feuilles.
   a. caduque   b. parfumé

3. Un arbre qui a perdu ses feuilles est...
   a. poétique   b. nu

4. Une fleur... est plus jolie qu'une fleur artificielle.
   a. fanée   b. naturelle

5. Une fleur est plus... qu'un arbre.
   a. délicate   b. simple

6. Un arbre... va rapidement mourir.
   a. déraciné   b. mûr

7. Une fleur... a une vie éphémère.
   a. annuelle   b. vivace

8. Un arbre fruitier mûr est...
   a. fécond   b. haut

Les étendues d'eau (Bodies of water)

Bodies of water such as fountains, ponds, lakes, rivers, seas, and oceans are other important natural elements that contribute to our lives.

Les agréments (Charms)

Here are a few terms that are useful in discussing the appeal of water and the benefits we can get from various bodies of water.

attirant(e)	*alluring*
bon(ne)	*good*
calme	*calm*
clair(e)	*clear*
désaltérant(e)	*thirst-quenching*
doux, douce	*soft, fresh*
frais, fraîche	*fresh, cool*
indispensable	*indispensable*
inépuisable	*inexhaustible*
joli(e)	*pretty*
lent(e)	*slow*
limpide	*limpid*
majestueux, majestueuse	*majestic*
minéral(e)	*mineral*
navigable	*navigable*
nécessaire	*necessary*
potable	*drinkable*
propre	*clean*
pur(e)	*pure*
rafraîchissant(e)	*refreshing*
salé(e)	*salty*
vif, vive	*quick, lively*

L'eau fraîche est désaltérante.	*Fresh water is thirst-quenching.*
L'eau de cette source est limpide.	*The water from this source is limpid.*
Les Français aiment l'eau minérale.	*The French like mineral water.*
La Seine est utile car elle est navigable.	*The Seine is useful because it is navigable.*
L'eau des torrents de montagne est vive.	*The water from mountain torrents is swift.*
La truite est un poisson d'eau douce.	*The trout is a freshwater fish.*

Les désagréments (Nuisances)

Here are a few terms that are useful in discussing the troubles and nuisances associated with various bodies of water.

agité(e)	*rough*
contaminé(e)	*contaminated*
déchaîné(e)	*wild*
gonflé(e)	*swollen*
houleux, houleuse	*surging, turbulent*
imprévisible	*unpredictable*
marécageux, marécageuse	*swampy, marshy*
mauvais(e)	*bad*
pollué(e)	*polluted*
profond(e)	*deep*
rapide	*fast*
sale	*dirty*
souterrain(e)	*underground*
tumultueux, tumultueuse	*tumultuous*
vaseux, vaseuse	*muddy*

Pendant un orage, la mer est déchaînée.	*During a storm, the sea is wild.*
Les bayous de Louisiane sont marécageux.	*The Louisiana bayous are swampy.*
La mer est parfois houleuse.	*The sea is sometimes rough.*
Les rivières souterraines sont profondes.	*Underground rivers are deep.*
Défense de nager! La mer est agitée.	*No swimming! The sea is rough.*

EXERCICE 14·4

***De quelle sorte d'eau s'agit-il?* What kind of water is this?** *Circle the letter for the word that best completes each sentence.*

1. La Seine qui traverse Paris est une rivière... On peut y faire des croisières.

   a. navigable   b. houleuse

2. L'océan est quelquefois... par le pétrole.

   a. limpide   b. pollué

3. L'eau de mer n'est pas douce; elle est...

   a. potable   b. salée

4. Les fleuves qui descendent rapidement des montagnes sont...

   a. souterrains   b. tumultueux

5. En France on boit beaucoup d'eau...

   a. minérale   b. vaseuse

6. L'eau fraîche et limpide du lac est...

   a. marécageuse   b. attirante

7. Pendant les ouragans, la mer peut être...

   a. déchaînée   b. indispensable

8. Pour voir des poissons exotiques, il faut s'aventurer dans des eaux très…

   a. sales   b. profondes

9. L'eau de source est fraîche et...

   a. imprévisible   b. désaltérante

10. J'aime boire de l'eau...

    a. gonflée   b. pure

Le temps (Weather)

Many personal and occupational activities depend a great deal on the weather. Here are some adjectives that describe different types of weather.

Il fait...	The weather is . . .
beau	beautiful
bon	good
chaud	hot
couvert	cloudy
déprimant	depressing
embrumé	foggy
ensoleillé	sunny
frais	cool

froid	*cold*
glacial	*freezing*
grisâtre	*gray*
horrible	*horrible*
humide	*humid*
lumineux	*luminous, bright*
magnifique	*magnificent*
maussade	*dull, gloomy*
mauvais	*bad*
merveilleux	*wonderful*
nuageux	*cloudy*
sombre	*dark*
super	*super*

S'il fait mauvais, restons à la maison!	*If the weather is bad, let's stay at home!*
Le temps maussade est déprimant.	*Dull weather is depressing.*
Le temps est super pour faire de la voile.	*The weather is great to go sailing.*
Il fait toujours lumineux en Provence!	*It is always bright in Provence!*
Couvre les plantes! Il va faire glacial.	*Cover the plants! It is going to be freezing cold.*

EXERCICE
14·5

***Lequel ne convient pas?* Which one does not belong?** *Circle the letter of the word that does **not** describe the dominant weather conditions.*

1. a. maussade   b. sombre   c. déprimant   d. lumineux

2. a. frais   b. glacial   c. chaud   d. froid

3. a. nuageux   b. couvert   c. beau   d. embrumé

4. a. super   b. lumineux   c. horrible   d. ensoleillé

5. a. magnifique   b. bon   c. grisâtre   d. super

6. a. merveilleux   b. formidable   c. super   d. mauvais

Styles, colors, and sensations

In this unit you will learn adjectives that are frequently used to describe clothes—their style, their color, or their cost. You will also learn the adjectives frequently used to describe sensations such as perceived shapes, noises, smells, tastes, and kinesthetic sensations as well as feelings.

Les styles (Styles)

Clothes are often a reflection of personality and attitude. Many people dress according to current fashions or according to their mood, their occupation, or the settings they find themselves in.

beau, belle	*beautiful*
bon marché	*inexpensive*
boutonné(e)	*buttoned*
cher, chère	*expensive*
chic	*elegant*
confortable	*comfortable*
court(e)	*short*
décolleté(e)	*low-necked*
décontracté(e)	*casual, relaxed*
démodé(e)	*old-fashioned*
droit(e)	*straight*
élégant(e)	*elegant*
épais(se)	*thick*
évasé(e)	*flared*
fin(e)	*fine*
imperméable	*waterproof*
joli(e)	*pretty*
laid(e)	*ugly*
large	*wide*
long, longue	*long*
neuf, neuve	*new*
professionnel(le)	*professional*
rayé(e)	*striped*
serré(e)	*tight*
soigné(e)	*well finished*

Ce tailleur est soigné.	*This woman's suit is well finished.*
Son nouveau chemisier est joli.	*Her new shirt is pretty.*
Il me faut des chaussures imperméables.	*I need waterproof shoes.*
Sa jupe rayée est à la mode.	*Her striped skirt is in style.*

Son gilet est boutonné jusqu'au menton.	Her cardigan is buttoned to the chin.
Regarde son manteau neuf! Je le trouve laid.	Look at his new coat! I think it is ugly.
Le tweed est un tissu épais et chaud.	Tweed is a thick and warm fabric.
Ces bottes sont serrées et peu confortables.	These boots are tight and not comfortable.

EXERCICE 15·1

Qu'est-ce qu'elle a acheté? **What did she buy?** *Match each description with an item of clothing. Write the letters on the lines provided.*

_____ 1. Il est serré à la taille, large en bas et décontracté.

_____ 2. Il est long, chaud et épais avec de larges épaules.

_____ 3. Elle est imperméable et boutonnée devant.

_____ 4. Elle est au-dessus des genoux, serrée et chic.

_____ 5. Il est rayé, beau, élégant et professionnel.

_____ 6. Il est bon marché et boutonné jusqu'au cou.

_____ 7. Elle est très fine et elle se porte pour dormir.

_____ 8. Elle est longue, décolletée et très belle.

a. la jupe

b. la chemise de nuit

c. le chemisier

d. le manteau

e. la robe de soirée

f. la veste

g. le jean

h. le tailleur

Les couleurs (Colors)

Colors are important in many aspects of life, but they especially matter in clothes. Here are some frequently used colors.

beige	*beige*
blanc, blanche	*white*
blanchâtre	*whitish*
bleu(e)	*blue*
bleuâtre	*bluish*
brun(e)	*brown*
brunâtre	*brownish*
clair(e)	*light*
foncé(e)	*dark*
gris(e)	*gray*
grisâtre	*grayish*
jaune	*yellow*
jaunâtre	*yellowish*
noir(e)	*black*
noirâtre	*blackish*
rouge	*red*
rougeâtre	*reddish*
verdâtre	*greenish*
vert(e)	*green*
vif, vive	*bright*

violâtre	*purplish*
violet(te)	*purple*

Ma jupe violette va bien avec ce chemisier vert.	*My violet skirt goes well with this green shirt.*
J'ai besoin de deux pulls; passe-moi le gris et le noir.	*I need two sweaters; pass me the gray one and the black one.*

The suffix **-âtre** added to a color corresponds to the English suffix *-ish*. Colors that end in a mute **-e** lose that **-e**.

Cette chemise est si vieille qu'elle est devenue jaunâtre.	*This shirt is so old that it became yellowish.*
Je ne peux pas décider si c'est rougeâtre ou brunâtre.	*I cannot decide whether it is reddish or brownish.*

When including such nuances as *light* and *dark* to colors, the adjectives **clair** (*light*), **foncé** (*dark*), **pâle** (*pale*), and **vif** (*bright*) are often added to the color. In that case, the entire hyphenated color structure is invariable and remains in the masculine form regardless of the gender and number of the noun the color describes. Compare the following sentences, and note how the color **bleu-clair** stays in the masculine form even though it describes the feminine noun **robe**.

La robe est **bleue**.	The dress is blue.
La robe est **bleu-clair**.	The dress is light blue.

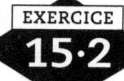

EXERCICE

15·2

De quelle couleur est-ce? **What is its color?** *Circle the letter of the most likely color for each item.*

1. Le ruby est...

   a. rouge   b. bleu

2. Ses yeux sont...

   a. marron   b. argent

3. Elle a la peau...

   a. rougeâtre   b. verdâtre

4. Ce café est très... Il y a trop de lait dedans.

   a. foncé   b. clair

5. Le ciel est... Il va pleuvoir.

   a. bleuâtre   b. grisâtre

6. La neige fraîche est...

   a. noire   b. blanche

7. Ma maison est...

   a. unicolore   b. multicolore

8. La robe de la petite fille est...

   a. rose bonbon   b. noirâtre

9. L'océan est...

    a. noisette   b. bleu azur

10. Ce vin est...

    a. rouge bordeaux   b. noir charbon

Les sensations, *perceptions et sentiments* (Sensations, perceptions, and feelings)

The way we view what surrounds us and react to it depends on our unique senses and perceptions.

Les formes, *volumes et dimensions* (Forms, volumes, and dimensions)

allongé(e)	*elongated*
arrondi(e)	*round*
bombé(e)	*bulging*
difforme	*distorted*
élargi(e)	*widened*
épais, épaisse	*thick*
haut(e)	*high*
hérissé(e)	*ruffled*
large	*wide*
long, longue	*long*
plat(te)	*flat*
pointu(e)	*pointy*
profond(e)	*deep*
rond(e)	*round*
sinueux, sinueuse	*tortuous, winding*
uniforme	*uniform*

Le matelas de mon lit est épais.	*The mattress on my bed is thick.*
La lame du couteau est platte.	*The blade of the knife is flat.*
Ses cheveux se sont hérissés.	*Her/his hair is ruffled.*
Le crayon est pointu.	*The pencil is pointy.*
La terre est ronde.	*The earth is round.*
Le puits est profond.	*The well is deep.*

EXERCICE
15·3

***Comment décririez-vous certains aspects de la nature?* How would you describe certain elements of nature?** *Write the letter of the adjective that best describes each element.*

_____ 1. la montagne   a. profonde

_____ 2. la plaine   b. pointue

_____ 3. la rivière   c. épaisse

_____ 4. la route qui zigzague   d. hérissée

_____ 5. la mer   e. platte

_____ 6. la forêt   f. arrondie

_____ 7. la branche   g. sinueuse

_____ 8. la cime du sapin   h. difforme

Le bruit (Noise)

affaibli(e)	_weakened_
aigu, aigüe	_sharp_
assourdissant(e)	_deafening_
bref, brève	_brief_
cristallin(e)	_clear as crystal_
étouffé(e)	_muffled_
feutré(e)	_noiseless_
grave	_grave_
harmonieux, harmonieuse	_harmonious_
léger, légère	_light_
mélodieux, mélodieuse	_melodious_
perçant(e)	_piercing_
prolongé(e)	_lengthy_
sec, sèche	_dry_
strident(e)	_shrill, harsh_
violent(e)	_violent_

Le son du piano est harmonieux.	_The sound of the piano is harmonious._
Elle a une voix mélodieuse.	_She has a melodious voice._
Le livre a frappé le sol avec un bruit sec.	_The book hit the floor with a dry thud._
Le verre s'est cassé avec un bruit cristallin.	_The glass broke with a cristalline sound._
La sirène de l'usine fait un bruit strident.	_The siren of the factory makes a shrill sound._

EXERCICE
15·4

Comment décririez-vous les sons? How would you describe sounds? _Write the letter of the appropriate adjective to complete each sentence._

_____ 1. La cloche en verre a un son...   a. sec

_____ 2. Le ton de la voix de la chanteuse est...   b. assourdissant

_____ 3. Le sifflet de l'arbitre fait un son...   c. strident

_____ 4. Le livre qui tombe fait un son...   d. grave

_____ 5. La sirène de la voiture des pompiers fait un son...   e. harmonieux

_____ 6. À travers mon cache-nez, ma voix a un son...   f. perçant

_____ 7. Pendant les feux d'artifice, le bruit est si fort qu'il est...   g. étouffé

_____ 8. Une note de piano fait un ton léger et...   h. cristallin

Les odeurs et les saveurs (Odors and tastes)

âcre	*bitter*
aigre	*sour, tart*
amer, amère	*bitter*
capiteux, capiteuse	*heady*
délicat(e)	*delicate*
délicieux, délicieuse	*delicious*
écœurant(e), nauséabond(e)	*nauseating*
suave	*mild, pleasant*
sucré(e)	*sweet*
suffocant(e)	*suffocating*
velouté(e)	*velvety*

Quel vin délicieux et capiteux!	*What a delicious and heady wine!*
Ce jus a un goût âcre. Est-il frais?	*This juice has a bitter taste. Is it fresh?*
Cette poubelle a une odeur écœurante.	*This garbage can has a nauseating odor.*
J'aime le goût aigre du citron.	*I like the sour taste of a lemon.*
Ces fraises sont sucrées.	*These strawberries are sweet.*

EXERCICE 15·5

Quel en est le goût ou l'odeur? What is its taste or odor? *Write the letter of the appropriate adjective to complete each sentence.*

_____ 1. Un morceau de viande pourrie a une odeur...   a. délicieux

_____ 2. Les truffes ont un goût...   b. âcre

_____ 3. Le citron a un goût...   c. nauséabonde

_____ 4. Ce vin rouge a un goût vraiment...   d. écœurante

_____ 5. Les déchets dans la poubelle dégagent une odeur...   e. aigre

_____ 6. Cette salade de fruits frais a un goût...   f. suffocante

_____ 7. Ce pamplemousse encore vert a un goût...   g. délicat

_____ 8. Ce gaz a une odeur...   h. capiteux

Les impressions tactiles (Tactile impressions)

chaud(e)	*hot*
collant(e)	*sticky*
cotonneux, cotonneuse	*cottony*
doux, douce	*soft*
dur(e)	*hard*
ferme	*firm*
froid	*cold*

gluant(e)	*sticky*
lisse	*smooth, glossy*
moelleux, moelleuse	*soft, velvety*
mou, molle	*soft, flabby*
noueux, noueuse	*knotty*
piquant(e)	*prickly*
poli(e)	*polished*
rugueux, rugueuse	*rough*
satiné(e)	*satiny*
soyeux, soyeuse	*silky*
tiède	*(luke)warm*
velouté(e)	*velvety*

Cette pierre est rugueuse.	*This rock is rough.*
Le tissu de cette robe est soyeux.	*The fabric of that dress is silky.*
L'oreiller est moelleux.	*The pillow is soft.*
L'assiette est chaude.	*The plate is hot.*
Ce papier est gluant.	*This paper is sticky.*
L'eau du bain est tiède.	*The bathwater is lukewarm.*
La coquille de l'œuf est dure.	*The shell of the egg is hard.*

EXERCICE
15·6

Quelle est la sensation? What does it feel like? *For each item, write the letter of the adjective that most appropriately describes it.*

_____ 1. le miel   a. mou

_____ 2. la laine   b. satinée

_____ 3. la pierre précieuse   c. noueuse

_____ 4. la peau de bébé   d. douce

_____ 5. la vieille branche d'arbre   e. polie

_____ 6. l'oreiller   f. collant

_____ 7. le cactus   g. soyeux

_____ 8. les cheveux d'enfant   h. piquant

Les sentiments et les émotions (Feelings and emotions)

amoureux, amoureuse	*in love*
anxieux, anxieuse	*anxious*
apeuré(e)	*afraid, frightened*
appréhensif, appréhensive	*apprehensive*
attristé(e)	*saddened*
compatissant(e)	*compassionate*
coupable	*guilty*
dégoûté(e)	*disgusted*
déprimé(e)	*depressed*
effrayé(e)	*scared, frightened*
émerveillé(e)	*amazed*

enragé(e)	*enraged*
envieux, envieuse	*envious*
excité(e)	*excited*
exhubérant(e)	*exuberant*
fier, fière	*proud*
heureux, heureuse	*happy*
honteux, honteuse	*ashamed*
ingrat(e)	*ungrateful*
inquiet, inquiète	*worried*
jaloux, jalouse	*jealous*
joyeux, joyeuse	*joyful*
mélancolique	*melancholic*
nostalgique	*nostalgic*
optimiste	*optimistic*
peiné(e)	*grieved*
pessimiste	*pessimistic*
reconnaissant(e)	*grateful*
soulagé(e)	*relieved*
terrorisé(e)	*terrorized*

Le poème est mélancolique.	*The poem is melancholic.*
L'écrivain exilé était nostalgique.	*The exiled writer was nostalgic.*
L'enfant, laissé seul, était apeuré.	*The child, left alone, was afraid.*
Une fois pardonné, il est soulagé.	*Once pardoned, he is relieved.*
Attrapé en plein délit, il était honteux.	*Caught in the act, he was ashamed.*
Il ne faut pas être ingrat.	*One must not be ungrateful.*
Nous étions joyeux pendant les fêtes.	*We were happy during the holidays.*
Ils étaient émerveillés par les décorations.	*They were amazed by the decorations.*

EXERCICE
15·7

Que ressent Michel dans chacune des situations suivantes? How would Michel feel in each of the following situations? *Complete each sentence with the appropriate word from the list.*

reconnaissant	envieux	inquiet	exhubérant
émerveillé	enragé	nostalgique	honteux

1. Son ami a une meilleure note que lui à l'examen. Il est _____.

2. Il pense aux bons moments de son enfance. Il est _____.

3. On lui rend le porte-feuille qu'il avait perdu. Il est _____.

4. Il regarde les artifices du 14 juillet devant la Tour Eiffel. Il est _____.

5. Son amie est en retard pour dîner. Il est _____.

6. Il va avoir une grosse augmentation de salaire. Il est _____.

7. Quelqu'un a endommagé sa voiture dans le parking. Il est _____.

8. Il a commis une grosse faute. Il est _____.

Home, school, work, and vacation

A man's home is his castle. Whether it is a mansion, a humble house, or a shared apartment, we all need a place to call home. In this unit you will learn the adjectives frequently used to describe lodgings and furnishings. In addition you will learn adjectives that describe school, class, work, and vacations. In a world where people are often lifelong learners and work until advanced ages, school and work vocabulary are indeed important.

Les logements (Lodging)

Lodgings can consist of a dorm room, a hotel room, an apartment, or a house. The condition of our living quarters can also vary.

Les conditions de vie (Living conditions)

The place where one lives can offer many different advantages or disadvantages.

confortable	comfortable
décoré(e)	decorated
délabré(e)	dilapidated
détérioré(e)	deteriorated
entretenu(e)	maintained
équipé(e)	equipped
fabuleux, fabuleuse	fabulous
fleuri(e)	flowery
luxueux, luxueuse	luxurious
meublé(e)	furnished
moderne	modern
négligé(e)	neglected
neuf, neuve	new
privé(e)	private
propre	clean
rénové(e)	renovated
repeint(e)	repainted
spacieux, spacieuse	spacious
superbe	superb
unique	unique
vieux, vieille	old

Je cherche un appartement meublé.	I am looking for a furnished apartment.
Mon balcon sera toujours fleuri.	My balcony will always have flowers.

S'il est vieux, je voudrais qu'il soit repeint.	*If it is old, I would like it to be repainted.*
Mon ancien appartement était délabré.	*My former apartment was dilapidated.*
Il n'a pas besoin d'être luxueux ni moderne.	*It does not need to be luxurious or modern.*
Mais il doit être spacieux et équipé.	*But it must be spacious and equipped.*

Ses caractéristiques (Characteristics)

Living quarters and homes have unique features. Here are a few terms to describe them.

acheté(e)	*bought*
aménagé(e)	*arranged, fitted*
ancien(ne)	*old*
bon marché	*cheap*
calme	*calm*
carrelé(e)	*tiled*
charmant(e)	*charming*
cher, chère	*expensive*
clair(e)	*light*
climatisé(e)	*air-conditioned*
clôturé(e)	*fenced in*
hypothéqué(e)	*mortgaged*
intime	*intimate*
libre	*vacant*
loué(e)	*rented*
parqueté(e)	*with wooden floors*

Je m'achèterai un jour une maison très chère.	*I will someday buy a very expensive house.*
Elle sera hypothéquée naturellement.	*Naturally, it will be mortgaged.*
Ma maison sera climatisée.	*My house will have air-conditioning.*
Le jardin sera clôturé.	*The garden will be fenced in.*
Le salon doit être parqueté.	*The living room must have wooden floors.*

EXERCICE
16·1

***Voilà comment est l'appartement!* This is how the apartment looks!** *Write the letter of the best synonym for each of the following adjectives.*

_____	1. acheté	a.	joli
_____	2. superbe	b.	décoré
_____	3. délabré	c.	luxueux
_____	4. vieux	d.	hypothéqué
_____	5. bon marché	e.	détérioré
_____	6. confortable	f.	privé
_____	7. rénové	g.	carrelé
_____	8. négligé	h.	ancien
_____	9. intime	i.	agréable

_____ 10. fleuri	j. mal entretenu
_____ 11. parqueté	k. peu cher
_____ 12. charmant	l. repeint

Les meubles (Furniture)

Pieces of furniture have unique characteristics.

antique	_antique_
authentique	_authentic_
classique	_classical_
contemporain(e)	_contemporary_
convertible	_convertible_
fonctionnel(le)	_functional_
haut(e) de gamme	_high quality_
installé(e)	_installed_
modulable	_in movable units_
pratique	_practical_
préfabriqué(e)	_prefabricated_
rustique	_rustic_
sur mesure	_custom-made_
traditionnel(le)	_traditional_

C'est une commode Louis XV authentique.	_This is an authentic Louis XV chest._
Les divans sont modulables.	_The couches come in movable units._
Cette étagère est pratique.	_This shelf is practical._
Cette salle à manger est haute de gamme.	_This dining room set is high quality._
Les meubles contemporains visent le confort.	_Contemporary furniture aims at comfort._

EXERCICE
16·2

Que désirez-vous? What would you like? _Reconstitute the dialogue between a furniture salesperson and a client by writing the letter of the appropriate client reply on the lines provided._

_____ 1. Bonjour monsieur. Puis-je vous aider?

_____ 2. Laissez-moi vous montrer un sofa haut de gamme qui justement est classique.

_____ 3. Pas trop cher, monsieur! C'est un sofa très fonctionnel et convertible en plus. Voyez!

_____ 4. On peut faire ces sofas sur mesure. Ça vous intéresse?

_____ 5. C'est 500 euros et il vous sera livré dans deux jours.

a. Non merci. Celui-ci est parfait. Mais quel en est le prix?

b. Tiens! C'est vraiment pas mal! Ça c'est pratique quand on a des invités dans un petit appartement.

c. D'accord. Voilà ma carte de crédit. Je vous remercie de toute votre aide.

d. Oh madame, si c'est haut de gamme, ça va être cher.

e. Je cherche un sofa traditionnel ni trop moderne ni trop traditionnel.

L'enseignement (Instruction)

Formal instruction starts in prekindergarten and spans many years. In France many young people finish traditional **lycée** studies with a **baccalauréat**. This diploma allows them to enter a university. Some young people choose to attend an **école professionnelle** where they can learn a specific trade.

L'établissement (Institution or school)

There are different types of instructional establishments. Here are some adjectives to describe them.

bilingue	*bilingual*
élémentaire	*elementary*
international(e)	*international*
laïque	*secular*
maternel(le)	*kindergarten*
militaire	*military*
primaire	*primary, elementary*
privé(e)	*private*
professionnel(le)	*vocational*
publique	*public*
rural(e)	*rural*
secondaire	*secondary*
technique	*technical*
urbain(e)	*city*

Mon frère est allé dans une école bilingue.	*My brother attended a bilingual school.*
Moi, je préfère aller dans un lycée technique.	*I prefer going to a technical school.*
Les écoles publiques sont laïques.	*Public schools are secular.*
Il y a une école militaire à Paris.	*There is a military school in Paris.*

Le cours ou la classe (Course or class)

Here are some adjectives to describe various types of classes.

annulé(e)	*cancelled*
avancé(e)	*advanced*
débutant(e)	*beginning*
difficile	*difficult*
facile	*easy*
facultatif, facultative	*elective*
intermédiaire	*intermediate*
magistral(e)	*masterful*
obligatoire	*compulsory, required*
particulier, particulière	*tutoring*

récapitulatif, récapitulative	*a review*
remis(e)	*postponed*
requis(e)	*required*
virtuel(le)	*virtual*

Le chinois est une langue difficile.	*Chinese is a difficult language.*
C'est une matière requise.	*It is a required subject.*
Je suis dans un cours avancé.	*I am in an advanced class.*
Le français est une matière facultative.	*French is an elective subject.*
Mon cours a été annulé aujourd'hui.	*My class was cancelled today.*

EXERCICE

16·3

De quel type d'école s'agit-il? What kind of school is it? *For each description, write the letter of the matching type of school.*

_____	1. Les élèves ont des nationalités différentes.	a. militaire
_____	2. Il faut payer les frais de scolarité.	b. séculaire
_____	3. On enseigne les cours en deux langues.	c. urbaine
_____	4. On s'y prépare pour l'armée.	d. internationale
_____	5. Les enfants de quatre à huit ans y vont.	e. professionnelle
_____	6. On y apprend un métier.	f. élémentaire
_____	7. Ce n'est pas une école religieuse.	g. privée
_____	8. On trouve cette sorte d'école en ville.	h. bilingue

EXERCICE

16·4

De quel cours s'agit-il? What course is it? *For each definition, write the letter for the appropriate matching term.*

_____	1. obligatoire	a. récapitulatif
_____	2. par correspondance électronique	b. particulier
_____	3. enseigné par un maître	c. requis
_____	4. qui permet de réviser	d. difficile
_____	5. pour ceux qui commencent	e. facultatif
_____	6. pour une seule personne	f. virtuel
_____	7. qu'on peut choisir	g. magistral
_____	8. qui donne beaucoup de travail	h. débutant

Le travail et l'occupation (Work and occupation)

Here are some frequently used terms to describe work and occupations.

apprécié(e)	*appreciated*
artisanal(e)	*artisanal*
bénévole	*volunteer*
rémunéré(e)	*paid*
collaboratif, collaborative	*collaborative*
collectif, collective	*collective*
dangereux, dangereuse	*dangerous*
déprimant(e)	*depressing*
ennuyeux, ennuyeuse	*boring*
épuisant(e)	*exhausting*
fatigant(e)	*tiring*
intérimaire	*temporary*
lucratif, lucrative	*lucrative*
manuel(le)	*manual*
motivant(e)	*motivating*
passionnant(e)	*exciting*
professionnel(le)	*professional*
régulier, régulière	*regular*
rentable	*profit-earning*
répétitif, répétitive	*repetitive*
saisonnier, saisonnière	*seasonal*
sérieux, sérieuse	*serious*
stable	*stable*
stressant(e)	*stressful*
temporaire	*temporary*

Ce travail à la chaîne est répétitif et ennuyeux.	*This assembly line work is repetitive and boring.*
Cette mère de famille a besoin d'un emploi stable.	*This mother needs a stable job.*
Cet avocat célèbre a un cabinet lucratif.	*This famous lawyer has a lucrative practice.*
Le travail d'un acteur n'est pas régulier.	*The work of an actor is not regular.*
La journée de travail du mineur est épuisante.	*The miner's workday is exhausting.*
Le policier a une occupation dangereuse.	*The policeman has a dangerous occupation.*

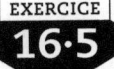

EXERCICE
16·5

Il y a toutes sortes de travail. **There are all kinds of work.** *Circle the letter that best completes each sentence.*

1. Un travail qu'on adore est...

   a. lucratif   b. passionnant

2. Un travail qu'on est sûr d'avoir est...

   a. stable   b. fatigant

3. Un travail bien payé est...

   a. sérieux   b. rentable

4. Un travail qui n'est que pour un mois est...

   a. saisonnier   b. intérimaire

5. La sculpture est un travail...

   a. stressant   b. artisanal

6. Un travail répétitif est...

   a. ennuyeux   b. rémunéré

7. L'enseignement est un travail...

   a. artisanal   b. professionnel

8. Un travail pour lequel on n'est pas payé est...

   a. motivant   b. bénévole

9. Un professeur a un travail...

   a. sérieux   b. rentable

10. Le travail de construction est...

   a. saisonnier   b. manuel

Les vacances (Vacations)

Along with work comes vacation. The French have plenty of time to devote to vacations since the average worker gets four to six weeks of paid holidays. As for students' summer vacation, it is referred to as **les grandes vacances**. Here are some frequently used terms to describe a vacation.

De bonnes vacances (A good vacation)

Sometimes our vacations go as planned. Here are some adjectives to describe them.

Les vacances sont...	Vacations are . . .
amusantes	*fun*
annuelles	*annual*
conviviales	*convivial*
détendues	*relaxed*
familiales	*a family vacation*
idéales	*ideal*
inoubliables	*unforgettable*
mémorables	*memorable*
méritées	*deserved*
payées	*paid*
prolongées	*extended*
reposantes	*restful*
réussies	*successful*
rêvées	*dreamed of*
romantiques	*romantic*
scolaires	*school*
sportives	*sports*

Des vacances ratées (A spoiled vacation)

Sometimes vacations do not work out as they should. Here are some adjectives to describe them.

Parfois les vacances sont...	*Sometimes vacations are . . .*
désastreuses	*disastrous*
ennuyeuses	*boring*
gâchées	*spoiled*
horribles	*horrible*
pourries	*rotten*
raccourcies	*shortened*
ratées	*spoiled*
ruinées	*ruined*

Des vacances au bord de la mer sous la pluie sont pourries.

A vacation at the seashore under the rain is rotten.

Parfois les vacances sont raccourcies à cause d'un accident.

Sometimes a vacation is shortened because of an accident.

EXERCICE 16·6

***Est-ce vrai ou faux?* Is it true or false?** *Write **V** for **vrai** or **F** for **faux** next to each statement about vacation.*

_____ 1. Des vacances ratées sont aussi appréciées.

_____ 2. Après avoir travaillé toute l'année, les vacances sont bien méritées.

_____ 3. Les vacances romantiques sont idéales à deux.

_____ 4. Des vacances passées à escalader les montagnes sont reposantes.

_____ 5. Des vacances où on reste quelques jours de plus sont prolongées.

_____ 6. Des vacances avec toutes sortes d'accidents sont réussies.

_____ 7. On se souvient pour toujours de vacances mémorables.

_____ 8. Les vacances avec les enfants et les parents sont des vacances familiales.

_____ 9. Les vacances scolaires d'été correspondent souvent aux mois de juillet et d'août.

_____ 10. Des vacances passées à se bronzer au bord de la mer sont détendues.

Verbs

Thoughts and feelings

In this unit you will practice verbs that express states of being, states of mind such as thinking, as well as emotional states such as loving and hating.

Les états d'être (States of being)

The stages of development between birth and passing away are marked by stages such as growing up. Here are some verbs on that topic.

changer	*to change*
devenir	*to become*
être	*to be*
évoluer	*to evolve*
exister	*to exist*
grandir	*to grow*
mâturer	*to mature*
mourir	*to die*
naître	*to be born*
prendre de l'âge	*to grow old, get on in years*
rajeunir	*to grow, make younger*
s'épanouir	*to blossom*
survivre	*to survive*
vieillir	*grow old*
vivre	*live*

Le monde existe depuis longtemps.

The world has existed for a long time.

L'enfant s'épanouit quand il est aimé.

A child blossoms when he is loved.

On vieillit avec dignité.

We grow old with dignity.

On vit de plus en plus longtemps.

People live longer and longer.

EXERCICE 17·1

La biographie de Charles Perrault. **Charles Perrault's biography.** *Put the following sentences in chronological order, starting with the letter A and finishing with H to reconstitute this famous fairy tale writer's life.*

_____ 1. Il grandit à Paris.

_____ 2. Quand il prend de l'âge, il est l'auteur de beaucoup de contes comme «Le petit chaperon rouge» et «Cendrillon».

_____ 3. Il est brillant au lycée et à l'université.

_____ 4. Puis il devient membre de l'Académie française en 1671.

_____ 5. Il survit à la perte de l'amitié du roi.

_____ 6. Il vieillit et meurt à Paris en 1703.

_____ 7. Il veut d'abord devenir avocat.

_____ 8. Charles Perrault naît en 1628 à Paris.

Les états d'esprit (States of mind)

States of mind, such as *wondering* or *understanding*, vary according to favorable or adverse circumstances.

comprendre	*to understand*
croire	*to believe*
décider (de)	*to decide (to)*
désirer	*to desire*
devoir	*to have to, must*
douter	*to doubt*
espérer	*to hope*
oublier	*to forget*
penser	*to think*
réfléchir	*to think over*
renoncer à	*to give up*
rêver	*to dream*
s'analyser	*to analyze oneself*
s'imaginer	*to imagine*
s'interroger (sur)	*to ask oneself (about)*
savoir	*to know*
se demander	*to wonder*
se rappeler	*to remember*
se souvenir	*to remember*
se tromper	*to make a mistake*
songer à	*to think about*
souhaiter	*to wish*
supposer	*to suppose*
tenir à ce que (+ subjonctif)	*to want (for something to happen)*
vouloir	*to want*

Je me souviens de mes amis d'enfance.	*I remember my childhood friends.*
Je me trompe rarement.	*I am rarely mistaken.*
Je sais que de bons amis sont loyaux.	*I know that good friends are loyal.*
Je tiens à avoir de bonnes relations avec toi.	*I want to have good relations with you.*
Cela me semble raisonnable.	*That seems reasonable to me.*
Je rêve d'avoir une belle vie.	*I dream about having a beautiful life.*
Je n'oublierai jamais mes rêves.	*I will never forget my dreams.*

Many thought processes, such as remembering (**se rappeler** or **se souvenir**), are expressed with reflexive verbs. Verbs are reflexive when the action of the verb is reflected upon the subject. A reflexive verb is preceded by a reflexive pronoun regardless of tense or mode. In the following sentences, note how the reflexive pronoun changes with the subject.

je me souviens	I remember
tu te souviens	you remember
il/elle/on se souvient	he/she/one remembers
nous nous souvenons	we remember
vous vous souvenez	you remember
ils/elles se souviennent	they remember

Elle est célèbre. Tu t'imagines cela?	*She is famous. Can you imagine that?*
Nous nous rappelons bien cette comédie.	*We remember this comedy well.*
Il ne faut pas trop s'interroger.	*Better not ask yourself too many questions.*

EXERCICE
17·2

Un petit dialogue. **A little dialogue.** *Write the letter of the correct answer to each question.*

_____ 1. Qu'est-ce que tu souhaites pour la nouvelle année?

_____ 2. À quoi est-ce que tu tiens le plus en ce moment?

_____ 3. Tu te souviens de nos vacances en Italie?

_____ 4. Tu as renoncé à changer de travail?

_____ 5. Qu'est-ce que tu penses du nouveau film?

_____ 6. Tu crois que le prof est absent?

_____ 7. Tu es décidé à faire cette grosse dépense?

_____ 8. Tu songes souvent à ton avenir?

_____ 9. Tu crois que je pourrai devenir actrice?

_____ 10. Tu doutes de mon amitié?

a. Oui, j'ai décidé de garder le même job.

b. Il me semble plutôt intéressant.

c. J'ai confiance en toi. Vouloir c'est pouvoir.

d. Je voudrais faire un beau voyage en France.

e. Oui, bien sûr. Je m'imagine ce que ce sera dans dix ans.

f. Mais non, je sais très bien que tu es mon ami.

g. Ma petite amie est ce que j'ai de plus précieux.

h. Je me demande s'il n'est pas simplement en retard.

i. Oh oui. Je veux m'acheter cette voiture.

j. Je me rappelle très bien ce séjour à Rome.

Les états d'âme (Feelings)

Feelings and moods have many facets.

admirer	*to admire*
adorer	*to adore*
aimer	*to like, love*
avoir envie de	*to feel like*
avoir honte de	*to be ashamed*
craindre	*to fear*
détester	*to detest*
être dégoûté	*to be disgusted*
faire confiance à	*to trust*
jouir de	*to enjoy*
mépriser	*to despise*
préférer	*to prefer*
refouler	*to suppress*
ressentir	*to feel*
s'ennuyer de quelqu'un	*to miss someone*
s'inquiéter de	*to worry about*
se faire du souci	*to worry*
se méfier de	*to distrust*
se réjouir de	*to be delighted at*
souffrir	*to suffer*

Nous adorons les soirées en famille.	*We love family evenings.*
Il faut jouir de la compagnie de sa famille.	*We must enjoy our family's company.*
Mais nous avons envie d'être seuls.	*But we feel like being alone.*
Je m'ennuie de toi; je suis triste.	*I miss you; I am sad.*
Je préfère te voir heureux.	*I prefer seeing you happy.*
Je souffre de ton absence.	*I suffer because you are absent.*

**EXERCICE
17·3**

Vrai ou faux? **True or false?** *Write* **V** *for* **vrai** *or* **F** *for* **faux** *next to each statement, depending on whether you agree or disagree.*

_____ 1. Les parents s'inquiètent quand leurs enfants sont en retard.

_____ 2. Il est facile de refouler même les désirs les plus vifs.

_____ 3. On doit se réjouir du bonheur de ses amis.

_____ 4. On doit mépriser les gens qui ont du courage.

_____ 5. Il vaut mieux ne pas toujours faire confiance aux politiciens.

_____ 6. Il est naturel de s'ennuyer des gens qu'on aime.

_____ 7. Il faut craindre les gens honnêtes.

_____ 8. On ne doit pas détester son prochain.

_____ 9. Il faut jouir de la vie autant que possible.

_____ 10. On doit avoir honte quand on est jaloux de ses amis.

Communicating, relating, and interacting

In this unit you will learn verbs that pertain to verbal and written communication as well as relationships. You will also become familiar with verbs that serve to describe what people do routinely for themselves as well as what they do for and against other people.

Communiquer (Communicating)

There are many forms of communication. We communicate information, feelings, opinions, advice, and orders on a regular basis.

Prendre un parti (Taking a position)

It is important to express one's point of view and take a stand.

accepter	to accept
admettre	to admit
affirmer	to confirm, state
agréer	to agree
avouer	to confess
persuader	to persuade
prendre le parti	to take sides
refuser	to refuse
rejeter	to reject

On l'a persuadé d'accepter le travail.	*They persuaded him to take the job.*
J'avoue que j'en suis bien content.	*I admit that it makes me happy.*
J'espère qu'il ne rejettera pas l'offre.	*I hope he will not reject the offer.*

Conseiller (Advising)

Giving advice or instructions is another form of communication.

apprendre à	to teach
conseiller à... de...	to advise
corriger	to correct
expliquer	to explain
inculquer	to instill
insister	to insist
permettre à... de...	to allow
remarquer	to notice, interject
réviser	to review

170

Ils m'ont inculqué des principes moraux.	*They instilled moral values into me.*
Ils insistaient que j'écoute bien.	*They insisted that I listen well.*
Ils me corrigeaient fréquemment.	*They corrected me frequently.*
Ils m'ont appris à parler français.	*They taught me to speak French.*

Parler et écrire (Speaking and writing)

Knowing how to communicate in speaking and writing is a valuable skill.

annoncer	*to announce*
appeler	*to call*
bavarder	*to chat*
causer	*to chat*
constater	*to observe*
déclarer	*to declare, state*
demander à… de…	*to ask*
diffuser	*to broadcast*
dire	*to say, tell*
discuter	*to discuss*
écrire	*to write*
enseigner	*to teach, instruct*
être d'accord	*to agree*
exprimer	*to express*
faire suivre	*to forward*
parler	*to speak*
poser des questions	*to pose questions*
poster	*to mail*
publier	*to publish*
raconter	*to tell*
s'abonner à	*to subscribe to*
s'adresser à	*to address oneself to*
s'excuser	*to apologize*

On va publier sa lettre à l'éditeur.	*They are going to publish his/her letter to the editor.*
Il est libre d'exprimer ses opinions.	*He is free to express his opinions.*
Tu t'abonnes à des magazines?	*Do you subscribe to magazines?*

EXERCICE
18·1

M. Rapeau est journaliste. Mr. Rapeau is a journalist. *Complete each sentence with the appropriate word from the list provided.*

discute	appelle	publie	inculque	annonce
comprend	révise	s'excuse	s'abonne	explique

1. À la radio, on _____ le mauvais temps.

2. M. Rapeau _____ le journal pour annoncer qu'il arrivera en retard ce matin.

3. M. Rapeau _____ de son retard à son éditeur-en-chef.

4. L'éditeur _____ tous les articles.

5. L'éditeur _____ ses révisions à M. Rapeau.

6. M. Rapeau _____ les révisions avec l'éditeur.

7. M. Rapeau _____ le point de vue de l'éditeur.

8. Le journal de M. Rapeau _____ ses articles.

9. On _____ à ce journal en payant une cotisation mensuelle.

10. Ce genre de publication informative _____ le désir de lire et d'apprendre.

Forger des relations (Building relationships)

Socializing—being around people—is an important part of everyday life.

accompagner	to accompany
accueillir	to welcome
adopter	to adopt
avoir des rapports	to have a relationship
charmer	to charm
embrasser	to kiss
faire la bise à, donner une bise à	to give a kiss to
faire la connaissance de	to make the acquaintance of
faire la cour à	to court
fonder une famille	to start a family
fréquenter	to keep company with
présenter	to present
respecter	to respect
revoir	to see again
s'intéresser à	to be interested in
se confier à	to confide in
se lier avec	to get close to
se marier avec	to get married to
(se) plaire	to be pleasing (to one another)
(se) rencontrer	to meet (each other)
(se) revoir	to see (each other) again
sortir avec	to go out with

Ginette a rencontré deux amis.	Ginette met two friends.
Ginette les présente à sa mère.	Ginette introduces them to her mother.
Leurs manières ne lui plaisent pas.	She does not like their manners.
Elle lui dit de ne pas les revoir.	She tells her not to see them again.
Ginette obéit car elle respecte sa mère.	Ginette obeys for she respects her mother.

EXERCICE
18·2

Quel conte de fée! What a fairy tale! Put the following sentences in chronological order from to **A** through **J** to reconstitute this love story.

_____ 1. Les parents de Gisèle l'accueillent chaudement.

_____ 2. Sa sœur Annie lui présente Gisèle.

_____ 3. David accompagne sa sœur Annie chez des amis.

_____ 4. Le jour des noces David et Gisèle promettent de se protéger et de se respecter pour toute la vie.

_____ 5. David revoit Gisèle deux jours après chez elle.

_____ 6. Les deux jeunes gens se plaisent tout de suite.

_____ 7. David charme les parents de Gisèle: il serre la main au papa et fait la bise à la maman.

_____ 8. Les deux jeunes gens sortent alors régulièrement ensemble.

_____ 9. C'est ainsi qu'il fait la connaissance de Gisèle.

_____ 10. David et Gisèle décident de se marier et de fonder une famille.

Rompre des relations (Breaking up)

Some relationships disintegrate and break up.

décevoir	to disappoint
décourager	to discourage
déplaire	to displease
faire de la peine à	to cause sadness
gêner	to bother
humilier	to humiliate
quitter	to leave
repousser	to reject
rompre	to break
se désintéresser de	to lose interest
se disputer	to quarrel
se perdre de vue	to lose sight of each other
se séparer	to separate from each other
soupçonner	to suspect
tromper	to cheat, deceive

Jojo et Mimi se disputent tout le temps.	Jojo and Mimi quarrel all the time.
Jojo soupçonne Mimi de le tromper.	Jojo suspects Mimi cheats on him.
Il se sent humilié.	He feels humiliated.
Ce manque de confiance fait de la peine à Mimi.	This lack of trust saddens Mimi.
Elle pense à se séparer de Jojo.	She is thinking of separating from Jojo.
Elle voudrait le quitter.	She would like to leave him.

Le revers de la médaille! **The other side of the coin!** _For each verb, write the letter of its opposite._

_____ 1. attirer

_____ 2. soupçonner

_____ 3. tromper

a. humilier

b. déplaire

c. mettre à l'aise

_____	4. respecter	d. quitter
_____	5. rencontrer	e. repousser
_____	6. encourager	f. faire confiance
_____	7. se lier	g. décourager
_____	8. charmer	h. être fidèle
_____	9. s'intéresser à	i. se désintéresser de
_____	10. gêner	j. se séparer

À l'aide des autres (Helping others)

An important aspect of the socialization process is having a social conscience and coming to other people's help by offering company, advice, gifts, or shelter.

abriter	_to shelter_
accompagner	_to accompany_
aider	_to help_
amuser	_to amuse_
apaiser	_to appease_
blaguer	_to kid, joke_
calmer	_to calm down_
caresser	_to caress_
conseiller	_to advise, council_
consoler	_to console_
divertir	_to entertain_
donner	_to give_
faire des œuvres	_to make charitable acts_
féliciter	_to congratulate_
inviter	_to invite_
libérer	_to liberate_
nourrir	_to feed_
offrir	_to offer_
plaisanter	_to joke_
pardonner	_to forgive_
prendre soin de	_to take care of_
réconforter	_to comfort_
s'occuper de	_to take care of_
soigner	_to provide care_
soulager	_to relieve_
soutenir	_to support_

Notre organisation accueille les sans-abris.	_Our organization welcomes the homeless._
On s'occupe d'eux et on les nourrit.	_We take care of them and feed them._
Ces jeunes amusent les personnes âgées.	_These youngsters amuse the old people._
La dame caresse le chien perdu.	_The lady caresses the lost dog._
Elle lui offre un os.	_She gives him a bone._

L'hôpital du docteur Poirot. **Dr. Poirot's hospital.** *Complete each sentence with the appropriate word from the list provided.*

divertir	aider	soulager	s'occuper	jouer
prendre soin	consoler	plaisanter	offrir	imiter

1. Le Dr. Poirot est devenu médecin pour _____ les autres gens.

2. Il peut généralement _____ les douleurs de ses patients.

3. L'infirmière est entraînée à _____ des malades.

4. Si la patiente a faim, elle va _____ d'elle et lui donner à manger.

5. Des amis vont venir voir la patiente et lui _____ des fleurs.

6. Quelquefois il y a des groupes de jeunes qui viennent _____ les patients.

7. Ces jeunes aiment raconter des histoires drôles et _____.

8. Ils aiment aussi _____ des rôles et faire des petites pièces amusantes.

9. Par exemple ils savent bien _____ des célébrités.

10. Leur intention est de _____ les patients quand ils ont de la peine.

Agresser (Being aggressive)

Aggressive behavior is an unfortunate aspect of interactions between people.

agacer	*to pester*
attaquer	*to attack*
blesser	*to wound, injure*
calomnier	*to slander, libel*
cambrioler	*to rob*
contredire	*to contradict*
critiquer	*to criticize*
défendre de	*to forbid*
déranger	*to disturb*
donner un coup	*to hit*
écraser	*to squash*
effrayer	*to frighten*
éliminer	*to eliminate*
embêter	*to annoy*
emprisonner	*to put in jail*
enlever	*to kidnap*
ennuyer	*to annoy*
frapper	*to hit*
interdire de	*to forbid*
poignarder	*to stab*
punir	*to punish*
se fâcher contre	*to get mad at*
se mettre en colère contre	*to get mad, angry at*

surveiller	*to watch over*
taper	*to hit*
terroriser	*to terrorize*
tuer	*to kill*
voler	*to steal*

Il vaut mieux éviter de se fâcher.	*You better avoid getting mad.*
Les pirates de l'air ont terrorisé les passagers.	*The hijackers terrorized the passengers.*
Un voleur a cambriolé la maison du voisin.	*A thief robbed the neighbor's house.*
Il avait probablement surveillé le quartier.	*He had probably watched the neighborhood.*
Ces garçons se sont donné des coups de poing.	*These boys punched each other.*
Les lions effraient les enfants au zoo.	*The lions scare the children at the zoo.*

EXERCICE
18·5

***Faire et ne pas faire!* To do and not to do!** *Write the letter of the most appropriate opposite for each of the following verbs.*

_____ 1. donner   a. contredire

_____ 2. féliciter   b. blesser

_____ 3. apaiser   c. interdire

_____ 4. pardonner   d. éliminer

_____ 5. libérer   e. frapper

_____ 6. être d'accord   f. voler

_____ 7. permettre   g. déranger

_____ 8. caresser   h. emprisonner

_____ 9. soigner   i. punir

_____ 10. créer   j. calomnier

Home living

In this unit you will learn verbs pertaining to living conditions and arrangements such as moving into a place and taking care of your home and surroundings.

Entretenir un foyer (Housekeeping)

Taking care of a home is no easy task. It includes decorating, painting, fixing, furnishing, cleaning, and other such activities.

accrocher	to hang
aérer	to air
bricoler	to tinker
clouer	to nail
construire	to construct
décorer	to decorate
déménager	to move
démolir	to demolish
emménager	to move in
entretenir	to maintain
frotter	to scrub
habiter	to live, inhabit
loger	to live in
meubler	to furnish
nettoyer	to clean
peindre	to paint
ranger	to put in order
rénover	to renovate
réparer	to repair
s'habituer à	to get used to
s'installer	to settle in

Avant d'emménager, nous allons rénover.	Before moving in, we are going to renovate.
J'adore peindre les pièces en couleurs vives.	I love painting rooms in bright colors.
Le plombier va réparer le robinet.	The plumber is going to repair the faucet.
Moi, je vais frotter le parquet.	I am going to scrub the parquet floor.
Toi, tu vas accrocher ce tableau ici.	You are going to hang this painting here.
S'installer prend du temps!	Settling in takes time!

Le nouvel appartement d'Aurore. **Aurore's new apartment.** *Complete each sentence with the appropriate verb from the list.*

nettoyer	s'installer	ranger	clouer	s'habituer
meubler	peindre	accrocher	aérer	loger

1. Aurore veut _____ dans un deux-pièce en ville.

2. Elle va le _____ avec des meubles très modernes.

3. Elle va _____ ses plus jolis tableaux impressionnistes dans le salon.

4. Elle va _____ ses vêtements dans le grand placard de la chambre à coucher.

5. Elle va _____ un porte-manteau au mur de l'entrée.

6. Elle va _____ le salon en jaune clair.

7. Elle va _____ son appartement tous les jours en ouvrant les fenêtres.

8. Elle va _____ toutes les fenêtres.

9. Elle va _____ dans l'appartement la semaine prochaine.

10. Il lui sera très facile de _____ à ce nouvel appartement.

Jardiner (Gardening)

A part of taking care of a home sometimes includes taking care of plants, flowers, and gardens—a favorite pastime for Parisians who leave the city is to tend their **jardins** in the country.

arroser	*to water*
bêcher	*to dig*
bouturer	*to cut and propagate*
creuser	*to dig*
cueillir	*to pick*
cultiver	*to cultivate*
déboiser	*to deforest*
défricher	*to clear land*
désherber	*to remove weeds*
entretenir	*to take care of*
faire pousser	*to (make) grow*
fertiliser	*to fertilize*
fleurir	*to blossom*
planter	*to plant*
pousser	*to grow*
râtisser	*to rake*
récolter	*to harvest*
semer	*to sow*
tailler	*to trim*
tondre	*to mow*

En automne il faut râtisser les feuilles mortes.	*In the fall you have to rake the dead leaves.*
Il est amusant de bouturer les plantes.	*It is fun to take cuttings and start new plants.*
Tu vas bientôt tailler ces buissons?	*Are you going to trim those bushes soon?*
Ce fermier a déboisé un terrain.	*This farmer deforested a piece of land.*
Il va y faire pousser du blé.	*He is going to grow wheat there.*
Il faudra continuer de désherber ce champ.	*We will have to continue clearing weeds from this field.*

EXERCICE
19·2

***Que faut-il faire pour entretenir un beau jardin?* What must we do in order to keep a beautiful garden?** *Write **oui** or **non** for each question.*

_____ 1. Il faut râtisser les feuilles mortes?

_____ 2. Il faut planter des mauvaises herbes?

_____ 3. Il faut tailler les buissons et les arbres?

_____ 4. Il faut tondre les fleurs?

_____ 5. Il faut creuser de grands trous?

_____ 6. Il faut désherber régulièrement?

_____ 7. Il faut cueillir toutes les fleurs?

_____ 8. Il faut arroser seulement les feuilles des fleurs?

·20· Traveling

In this unit you will learn verbs that pertain to driving and traveling.

Conduire (Driving)

The car is one of the most frequently used means of transportation to get around.

accélérer	to speed up
démarrer	to start (car)
dépasser la limite	to go over the limit
déraper	to glide
doubler	to pass (a car)
freiner	to brake
heurter	to hit
mettre en marche	to start (engine)
passer le permis	to take the driver's license test
ralentir	to slow down
recevoir le permis	to receive a driver's license
respecter le code	to respect road rules
rester sur place	to stay in the same place
se garer	to park
stationner	to park
stopper	to stop
tourner	to turn

Démarre! Le feu est vert.	Start! The light is green.
Ne stationne surtout pas ici! C'est interdit!	Do not park here! It is forbidden!
Tu dois respecter le code de la route.	You must respect the rules of the road.
Tourne là-bas à gauche!	Turn left over there!
Il y a du verglas sur cette route. Tu dérapes!	There is ice on this road. You are gliding.
Cherchons une place pour nous garer!	Let's look for a place to park!

180

Êtes-vous raisonnable? Are you reasonable? Write **V** for ***vrai*** or **F** for ***faux*** for each of the following statements.

_____ 1. Au feu rouge, il faut accélérer.

_____ 2. Au feu vert, il faut rester sur place.

_____ 3. Quand un agent de police vous appréhende, il faut s'arrêter.

_____ 4. Quand il commence à faire de l'orage et des éclairs, il faut rentrer à la maison.

_____ 5. Quand il y a du verglas sur la route, il faut accélérer.

_____ 6. Avant de conduire une voiture, il faut passer le permis de conduire.

_____ 7. Quand on voit un accident devant nous, il faut freiner et ralentir.

_____ 8. Quand on voit un panneau «Stationnement interdit», il faut stationner là.

_____ 9. Quand on voit une dispute entre conducteurs, il vaut mieux s'éloigner et appeler la police.

_____ 10. Quand on arrive à destination, il faut descendre.

Voyager (Traveling)

Travel requires certain preparations, planning, and choices.

accompagner	*to accompany*
arriver	*to arrive*
atterrir	*to land*
chercher	*to look for*
décoller	*to take off (by plane)*
faire des projets	*to plan*
faire escale	*to make a stopover*
faire la valise	*to pack*
faire les préparatifs	*to make preparations*
faire une excursion	*to go on a side trip*
faire un tour	*to go for a ride or stroll*
faire un voyage	*to go on a trip*
louer	*to rent*
partir	*to leave*
prendre congé	*to take a leave of absence*
prendre (l'avion, le bateau)	*to take (the plane, the boat)*
prolonger	*to prolong*
réserver	*to reserve*
s'arrêter	*to stop*
s'embarquer	*to embark*
s'informer	*to get information*
se rendre (quelque part)	*to go (somewhere)*
se renseigner	*to get information, inquire*
séjourner	*to stay*

| trouver | to find |
| visiter | to visit |

Elle voudrait faire un voyage au Canada.   *She would like to take a trip to Canada.*
Elle se renseigne sur les tarifs d'avion.   *She inquires about air fares.*
Elle aimerait séjourner au Québec.   *She would like to stay in Quebec.*
Trouvons-lui un hôtel à Québec!   *Let's find her a hotel in Quebec City!*
Elle veut faire escale à Montréal.   *She wants to make a stopover in Montreal.*
Moi, je compte l'accompagner.   *I intend to accompany her.*

EXERCICE
20·2

Le voyage de Marie et de Paul à Paris. **Marie and Paul's trip to Paris.** *Put the following sentences in chronological order from **A** to **H** to reconstitute the story.*

_____ 1. Le vol doit être direct et l'hôtel doit être dans le quartier latin.

_____ 2. Il faudra peut-être prolonger le séjour, n'est-ce pas?

_____ 3. Il faut aussi se renseigner sur le prix des tours guidés et des excursions.

_____ 4. Marie et Paul ont décidé de faire un voyage en France cet été.

_____ 5. Deuxièmement il faut s'informer sur le prix des voitures à louer.

_____ 6. Premièrement il faut réserver les billets d'avion et une chambre d'hôtel.

_____ 7. Évidemment on ne peut pas faire trop d'excursions quand le séjour ne dure qu'une semaine.

_____ 8. D'abord il faut faire tous les préparatifs nécessaires.

Science, health, and technology

·21·

In this unit you will practice verbs involved with communicating about the topics of science, medicine, and technology.

La science (Science)

Discoveries in science allow scientific progress in not only biology and medicine (e.g., antibiotics, vaccines) but also in technological fields (e.g., electric razors, iPods). From the early 1900s when Marie Curie followed by Frédéric Joliot and Irène Joliot-Curie won Nobel prizes in chemistry, to Claude Cohen-Tannoudji , a recent Nobel prize winner in physics, France has nurtured the sciences. Here are some frequently used verbs to discuss this topic.

analyser	*to analyze*
avertir	*to warn*
chercher	*to look for*
conclure	*to conclude*
découvrir	*to discover*
déduire	*to deduce*
diriger	*to direct*
essayer	*to try*
étudier	*to study*
évaluer	*to evaluate*
expérimenter	*to experiment*
faire des expériences	*to conduct tests, experiments*
faire un essai	*to make an attempt*
observer	*to observe*
partager	*to share*
proposer	*to propose*
prouver	*to prove*
rassembler	*to assemble*
réaliser	*to realize*
recueillir (des données)	*to collect (data)*
réfléchir	*to think over*
remarquer	*to notice*
répéter	*to repeat*
répondre	*to answer*
résoudre	*to resolve*
réussir	*to succeed*
risquer	*to risk*
sélectionner	*to select*
signaler	*to signal, warn*

| surveiller | to watch over |
| vérifier | to verify |

Une approche scientifique consiste à
analyser, déduire et conclure.

A scientific approach consists in analyzing,
deducing, and concluding.

Il faut vérifier les résultats de l'expérience.

We must verify the results of the experiment.

Il faut répéter l'expérience pour être sûr.

You have to repeat the experiment to be sure.

Le savant observe les microbes sous
le microscope.

The scientist observes the microbes under the
microscope.

Les frères Montgolfier ont fait plusieurs
essais avant de réussir.

The Montgolfier brothers made several attempts
before succeeding.

EXERCICE

21·1

L'œuvre des Curie. **The accomplishments of the Curies.** *Complete each sentence with
the appropriate verb from the list provided.*

| observe | réussit | annonce | découvre | prouve |
| s'intéresse | partage | recueille | dirige | fait des expériences |

1. Marie Curie, une Polonaise qui fait ses études à la Sorbonne, _____ aux
découvertes de Wilhelm Roentgen sur les rayons X.

2. Elle épouse Pierre Curie qui _____ sur le magnétisme.

3. Pierre _____ les données nécessaires et il énonce la loi de Curie et définit le
point de Curie.

4. Marie, elle _____ les rayonnements du pechblende, minerai d'uranium.

5. Elle _____ que ceux-ci sont plus intenses que ceux de l'uranium.

6. Bientôt elle _____ la découverte de deux nouveaux radioéléments: le
polonium et le radium.

7. Elle _____ à extraire suffisamment de radium pour en déterminer la masse
atomique.

8. Marie présente et _____ ses résultats dans sa thèse de doctorat en 1903.

9. Elle reçoit la même année le prix Nobel de physique qu'elle _____ avec son
mari et Henri Becquerel.

10. Pendant la Première Guerre mondiale, elle _____ les services radiologiques
de l'armée.

La médecine (Medicine)

Medical science is a field experiencing tremendous progress on a daily basis. New medications
and treatments are constantly being introduced. **Médecins Sans Frontières** is an organization
created by a group of French doctors to bring free medical care to underdeveloped countries.

accepter	to accept
administrer	to administer
analyser	to analyze

ausculter	*to examine by listening*
conseiller	*to advise, counsel*
découvrir	*to discover*
diagnostiquer	*to diagnose*
étudier	*to study*
examiner	*to examine*
gérer	*to manage*
greffer	*to transplant, graft*
guérir	*to heal, cure*
immuniser	*to immunize*
opérer	*to operate*
prescrire	*to prescribe*
radiographier	*to take x-rays*
recevoir	*to receive*
ressusciter	*to resuscitate*
sauver	*to save*
soigner	*to take care*
traiter	*to treat*
transfuser	*to transfuse*
vacciner	*to vaccinate*
voir	*to see*

Le médecin prescrit un antibiotique.	*The doctor precribes an antibiotic.*
Le médecin a ressuscité le patient.	*The doctor resuscitated the patient.*
Il faut transfuser le sang d'un patient.	*They must transfuse the patient's blood.*
Pour greffer un rein, il faut des chirurgiens.	*To transplant a kidney, they need surgeons.*
Les enfants doivent être immunisés.	*Children must be immunized.*

EXERCICE

21·2

Le rôle des médecins de famille. **The role of family doctors.** *Write* **V** *for* **vrai** *or* **F** *for* **faux** *for each of the following statements.*

_____ 1. Un médecin de famille examine les personnes et les bêtes.

_____ 2. Il analyse les symptômes des patients.

_____ 3. Il diagnostique et traite les symptômes.

_____ 4. Il conseille aux patients de fumer.

_____ 5. Il immunise les enfants contre certaines maladies.

_____ 6. Il soigne les blessures des radiographies.

_____ 7. Il sauve et transfuse tous ses patients.

_____ 8. Il gère les soins des patients.

_____ 9. Il prescrit des médicaments.

_____ 10. Il greffe des organes.

La santé (Health)

Progress in science and medicine helps make life easier and healthier. Here are a few frequently used verbs to discuss the topic of health and ailments.

aller (bien, mal, mieux)	*to feel (good, bad, better)*
attraper une maladie	*to catch a disease*
avoir des vertiges	*to be dizzy*
brûler	*to burn*
se casser (un bras, une jambe)	*to break (an arm, a leg)*
éternuer	*to sneeze*
être en forme	*to be in shape*
être en bonne santé	*to be healthy*
faire une rechute	*to relapse*
frissonner	*to shiver*
garder le lit	*to stay in bed*
grossir	*to gain weight*
maigrir	*to lose weight*
perdre connaissance	*to faint, to lose consciousness*
reprendre des forces	*to regain strength*
s'améliorer	*to improve*
s'enrhumer	*to catch a cold*
se remettre	*to recover*
suer	*to sweat*
tomber malade	*to get sick*
tousser	*to cough*
transpirer	*to transpire, sweat*

Tu vas mieux aujourd'hui?	*Do you feel better today?*
Je vais vraiment mal.	*I feel really bad.*
Regarde comme je sue.	*Look how I am sweating.*
Espérons que tu te remettras bientôt.	*Let's hope you recover soon.*
La fièvre vous fait frissonner.	*A fever makes you shiver.*
Voilà un syrop pour la toux.	*Here is a syrup for the cough.*
Tu t'es terriblement enrhumé.	*You got a terrible cold.*
Il vaut mieux que tu gardes le lit.	*You better stay in bed.*

EXERCICE 21·3

***Annie, va-t-elle bien ou mal?* Does Annie feel good or bad?** *For each sentence, write* **bien** *or* **mal** *according to how Annie feels.*

_____ 1. Aujourd'hui Annie a de la fièvre et transpire intensément.

_____ 2. Annie est en forme et veut faire des courses.

_____ 3. Annie reprend des forces et retrouve son énergie habituelle.

_____ 4. Annie vient de se casser la jambe en tombant de son cheval.

_____ 5. Annie éternue continuellement et elle frissonne.

_____ 6. Annie mange bien mais elle reste au lit.

_____ 7. Annie ne mange presque rien et maigrit rapidement.

_____ 8. Annie a des vertiges et perd connaissance.

La technologie (Technology)

Science has proven effective in accelerating technological progress with ever-increasing speed. This progress is obvious in many areas such as transportation, information, communication, and multimedia. All of these contribute to the productivity of a country in a global economy.

afficher	to post
bloquer	to block
charger	to load
chatter	to chat
enrayer	to lock, stop
enregistrer	to record
filtrer	to filter
gérer	to manage, organize
informer	to inform
initier	to initiate
innover	to innovate
installer	to install
interdire	to forbid
inventer	to invent
mettre à jour	to update
naviguer	to navigate
optimiser	to optimize
organiser	to organize
perfectionner	to perfect
permettre	to allow
pirater	to hack
programmer	to program
(se) renseigner	to inform (oneself)
s'abonner	to subscribe
se connecter	to connect
sécuriser	to ensure security
simuler	to simulate
télécharger	to download
transmettre	to transmit
utiliser	to use

Le piratage informatique est sévèrement puni.	Information hacking is severely punished.
Je paie mes factures sur un site sécurisé.	I pay my bills on a secure site.
Tout le monde télécharge de la musique sur son iPod.	Everybody downloads music onto his/her iPod.
Tu peux afficher des annonces sur un site Internet.	You can post announcements on an Internet site.
Ce site doit être mis à jour.	This site needs to be updated.
Ce logiciel filtre mes messages.	This software filters my messages.
Je vais télécharger ce document et l'attacher à mon e-mail.	I am going to download this document and attach it to my e-mail.
Nous devons créer un nom pour ce fichier.	We have to create a name for this file.

***Les ordinateurs. Quels en sont les avantages?* Computers. What are their
advantages?** *Complete each sentence with the appropriate verb from the list provided.*

communiquer	afficher	initier	s'abonner	gérer
télécharger	transmettre	simuler	perfectionner	bloquer

1. On peut _____ des annonces sur des sites web.

2. On peut _____ toutes sortes d'informations très rapidement.

3. On peut _____ de la musique et des documents.

4. On peut _____ et chatter avec des personnes connues ou inconnues partout dans le monde.

5. On peut _____ à des programmes éducatifs.

6. On peut payer des factures et _____ ses finances.

7. On peut _____ toutes sortes d'actions et d'activités.

8. On peut _____ ses connaissances dans beaucoup de domaines.

9. On peut _____ le piratage.

10. On peut _____ des contacts, des échanges et des liens.

Entertainment and leisure  ·22·

In this unit you will learn to use verbs related to entertainment and leisure time activities. Generally French workers have much more time than their American counterparts to devote to such activities. France's social laws allow the average worker to have four to six weeks of paid vacation every year. Although the **semaine de 35 heures** (*35-hour workweek*) is controversial, it is still in effect.

Les *appareils* électroniques (Electronics)

Electronic gadgets such as mobile phones and computers occupy a major portion of our free time. Here are a few of the verbs involved with electronics.

allumer	*to turn on*
avancer	*to fast-forward*
brancher	*to plug in*
changer	*to change*
chatter	*to chat*
choisir	*to choose*
composer	*to compose*
écouter	*to listen*
enregistrer	*to record, tape*
envoyer	*send*
éteindre	*turn off*
jouer	*play*
prendre des photos digitales	*take digital pictures*
recharger	*recharge*
regarder (un film, une pièce)	*watch (a movie, a play)*
rembobiner	*rewind*
télécharger	*download*

Allume la télé!	*Turn on the TV!*
Change de chaîne; mets les nouvelles!	*Change channels; put on the news!*
Je dois recharger mon portable.	*I have to recharge my cell phone.*
Envoie-moi les photos digitales.	*Send me the digital pictures.*
Rembobine la cassette video!	*Rewind the videocassette!*

Vrai ou Faux?* True or False?** *Write* **V** *for* ***vrai *or* **F** *for* ***false*** *for each statement.*

_____ 1. Avant de regarder la télévision, il faut éteindre le téléviseur.

_____ 2. Quand on a fini de regarder un film en cassette vidéo, il faut avancer la cassette.

_____ 3. On peut télécharger de la musique de l'ordinateur à l'iPod.

_____ 4. On peut regarder des photos dans les téléphones portables.

_____ 5. On peut écouter de la musique sur l'ordinateur tout en envoyant un e-mail.

_____ 6. On peut jouer à toutes sortes de jeux à l'aide d'un ordinateur.

_____ 7. Au théâtre, on peut rembobiner une pièce.

_____ 8. De temps en temps il faut recharger son ordinateur de poche.

Autres activités de loisir (Other leisure activities)

People devote much time to traditional pastimes and hobbies.

aller (au cinéma, au théâtre)	*to go (to the movie theater, to the theater)*
bavarder	*to chat*
décorer	*to decorate*
dessiner	*to draw*
dîner	*to have dinner*
discuter	*to discuss*
faire du lèche-vitrine	*to go window shopping*
faire du sport	*to do sports*
faire du tourisme	*to vacation (to)*
faire la cuisine	*to cook*
fêter	*to celebrate, party*
jardiner	*to garden*
lire	*to read*
peindre	*to paint*
prendre des vacances	*to take a vacation*
prendre un pot	*to have a drink*
rendre visite (à des gens)	*to visit (people)*
rire	*to laugh*
se promener	*to stroll*
sortir	*to go out*
visiter (des endroits)	*to visit (places)*

Le week-end je fais du lèche-vitrine.	*On weekends I go window shopping.*
Son mari aime jardiner.	*Her husband likes to garden.*
Elle préfère prendre un pot avec des amis.	*She prefers having a drink with friends.*
Mes parents font du tourisme chaque été.	*My parents go vacationing every summer.*
Ma meilleure amie adore peindre.	*My best friend loves to paint.*

Un week-end typique pour Pierre et Paule. A typical weekend for Pierre and Paule.
Put the following sentences into chronological order from **A** through **J.**

_____ 1. Là ils jardinent et s'occupent de leurs fleurs et de leur gazon jusqu'à l'heure du déjeuner.

_____ 2. S'ils rencontrent des amis, ils les invitent à prendre un pot avec eux.

_____ 3. Après le cinéma, ils vont dîner au restaurant.

_____ 4. Le soir ils font la cuisine ensemble et se couchent tôt. Demain il faut travailler.

_____ 5. Ils discutent souvent de politique et des actualités avec leurs amis.

_____ 6. Le dimanche matin, quand ils se lèvent tôt, ils vont faire du jogging.

_____ 7. Samedi soir ils se promènent au centre ville et font du lèche-vitrine.

_____ 8. Le dimanche après-midi Paule aime peindre et Pierre aime lire.

_____ 9. Ensuite ils vont voir un film.

_____ 10. Après avoir pris une douche, ils prennent le petit déjeuner sortent dans le jardin.

Divertir les autres (Entertaining others)

Some people spend a significant amount of time entertaining others, either professionally or as a hobby.

amuser	_to amuse, entertain_
chanter	_to sing_
danser	_to dance_
émouvoir	_to move_
faire de la magie	_to perform magic_
faire pleurer	_to bring to tears_
faire rire	_to make laugh_
imiter	_to imitate, impersonate_
jouer la comédie	_to pretend_
jouer un rôle	_to play a role_
organiser une soirée	_to organize a party_
préparer un repas	_to prepare a meal_
raconter des blagues	_to tell jokes_

Les films d'horreur vous font peur?	_Do horror movies scare you?_
Un bon opéra doit vous émouvoir.	_A good opera should move you._
Céline Dion chantait pour sa famille.	_Céline Dion used to sing for her family._
Mon grand-père racontait des blagues.	_My grandfather used to tell jokes._

***Quel est son talent?* What is his/her talent?** *Complete each sentence with an appropriate verb from the list provided.*

pleurer	imiter	organiser	faire
danser	amuser	chanter	raconter

1. John Travolta montre qu'il sait _____ dans plusieurs films.

2. Madonna prouve qu'elle sait _____ dans le film *Evita*.

3. Bill Cosby est un excellent comédien. Il aime _____ des blagues.

4. Les meilleurs comédiens savent _____ des célébrités.

5. Whoopie Goldberg sait à la fois faire rire et _____ son audience. Elle est émouvante.

6. Dans les boîtes de nuit, les comédiens doivent _____ les spectateurs.

7. Pour fêter l'anniversaire de quelqu'un, on peut _____ une soirée.

8. À une fête d'enfants, on invite souvent quelqu'un pour _____ de la magie.

Adverbs

Adverbs of manner, time, place, and quantity

·23·

In this unit you will learn to use adverbs to provide information about an action: how, when, where, and with what frequency something is, was, or will be done.

L'usage des adverbes (Usage of adverbs)

Adverbs modify the meaning of a verb in a variety of ways. Observe and note in which way each adverb modifies the action of the verb in the following sentences.

Elle travaille **bien**.	*She works well.*

The adverb **bien** indicates the manner in which she works.

Je travaille **aujourd'hui**.	*I work today.*

The adverb **aujourd'hui** indicates when I work.

Nous travaillons **régulièrement**.	*We work regularly.*

The adverb **régulièrement** indicates with what frequency we work.

Vous travaillez **ici**.	*You work here.*

The adverb **ici** indicates where you work.

Ils travaillent **tant**.	*They work so much.*

The adverb **tant** helps quantify the amount of work.

Comment? (How?)

Many adverbs tell us how something is, was, or will be done. Here are a few such adverbs.

agréablement	*pleasantly*
agressivement	*aggressively*
aisément	*with ease*
bien	*well*
brillamment	*brilliantly*
calmement	*calmly*
couramment	*fluently*
cruellement	*cruelly*
élégamment	*elegantly*
énormément	*enormously*

évidemment	*evidently*
exprès	*on purpose*
franchement	*frankly*
gaiment	*gaily*
gentiment	*nicely*
habilement	*cleverly, skillfully*
heureusement	*fortunately*
impoliment	*impolitely*
intelligemment	*intelligently*
joyeusement	*joyously*
lentement	*slowly*
mal	*badly*
même	*even*
mieux	*better, best*
pis	*worse, worst*
poliment	*politely*
précisément	*precisely*
profondément	*deeply*
prudemment	*cautiously*
puissamment	*powerfully*
réellement	*in reality*
résolument	*resolutely*
simultanément	*simultaneously*
soudainement	*suddenly*
spontanément	*spontaneously*
subitement	*suddenly*
vite	*quickly*
volontiers	*gladly, willingly*
vraiment	*really*

L'étudiant s'adresse poliment au professeur.	*The student addresses the teacher politely.*
Les enfants chantent joyeusement.	*The children sing joyously.*
Conduis lentement!	*Drive slowly!*
Il s'est arrêté subitement.	*He stopped suddenly.*
Elle a répondu spontanément.	*She answered spontaneously.*
Il a réussi l'examen brillamment.	*He passed the test brilliantly.*
Il est même arrivé le premier.	*He even arrived first.*
Ils ont énormément changé.	*They changed enormously.*
Je t'aiderai volontiers.	*I will gladly help you.*

EXERCICE
23·1

L'histoire du petit chaperon rouge. The story of Little Red Riding Hood. *Read the following version of "Little Red Riding Hood"; then answer each question with the appropriate adverb from the list.*

poliment	affectueusement	cruellement	intelligemment	volontiers
énormément	subitement	prudemment	agressivement	résolument

Il était une fois une petite fille qui s'appelait Lili. Lili aimait beaucoup sa mère, son père et surtout sa grand-mère. Un jour que sa grand-mère était malade, sa mère a demandé à Lili de lui rendre visite et de lui apporter un gâteau. Lili était toujours polie et obéissante et a dit: «Oui, bien sûr». Sa maman lui a dit de faire attention au vilain loup dans la forêt. Lili est partie.

Mais en cours de route, le vilain loup a tout à coup apparu; il a sauté sur elle et lui a pris son manteau rouge et son gâteau. Le loup est allé chez la grand-mère. Il a fait semblant d'être Lili pour entrer dans la maison. Il a poussé la porte de toutes ses forces; il est entré et il a mangé la grand-mère. Mais Lili qui était très intelligente était allée chercher son père. Le père est arrivé chez la grand-mère en cinq minutes et il a attaqué et tué le vilain loup.

1. Comment Lili se comportait-elle envers sa famille? _____
2. Combien aimait-elle sa famille? _____
3. Quand on lui demandait quelque chose, comment répondait-elle? _____
4. Comment a-t-elle accepté d'aller voir sa grand-mère? _____
5. Comment devait-elle traverser la forêt? _____
6. Comment est-ce que le vilain loup s'est-il approché de Lili? _____
7. Comment est-ce que le loup a ouvert la porte chez la grand-mère? _____
8. Comment est-ce que Lili a réagi à l'agression du loup? _____
9. Comment est-ce que le père de Lili a puni le loup? _____
10. Comment est-ce que le loup s'est comporté dans cette histoire? _____

Quand? (When?)

Many adverbs tell us how or when something is, was, or will be done. Here are a few of these adverbs.

actuellement	*currently*
après-demain	*after tomorrow*
aujourd'hui	*today*
auparavant	*formerly, before*
autrefois	*formerly, before*
avant-hier	*day before yesterday*
bientôt	*soon*
d'abord	*first*
de nouveau	*again*
de temps en temps	*from time to time*
déjà	*already*
demain	*tomorrow*
dorénavant	*from now on*
encore	*still, again*
enfin	*finally*
ensuite	*then*
fréquemment	*frequently*
hier	*yesterday*
immédiatement	*immediately*
jamais	*never*
longtemps	*for a long time*
maintenant	*now*
plus tard	*later*
puis	*then*
quelquefois	*sometimes*

rarement	*rarely*
récemment	*recently*
régulièrement	*regularly*
soudain	*suddenly*
souvent	*often*
tard	*late*
tôt	*early*
toujours	*always*

D'abord je me lève.	*First I get up.*
Ensuite je prends une douche.	*Then I take a shower.*
Quelquefois je me lave les cheveux.	*Sometimes I wash my hair.*
Je me brosse toujours les dents.	*I always brush my teeth.*
Maintenant je suis au cours.	*Now I am in class.*
Plus tard je vais faire du jogging.	*Later I am going to jog.*
Avant-hier je suis allé au gym.	*The day before yesterday I went to the gym.*
Récemment j'ai pris du poids.	*Recently I gained weight.*
Dorénavant je vais faire attention.	*From now on I will be careful.*
Tu es encore là?	*Are you still there?*

EXERCICE 23·2

Les voyages d'Eric. Eric's trips. *Read the following story; then answer each question with the appropriate adverb from the list provided.*

rarement	toujours	maintenant	hier
longtemps	bientôt	tôt	souvent

Ce matin Eric vient de rentrer aux États-Unis après un voyage en Russie. Il y va une fois par mois pour ses affaires. Il est bien fatigué mais il faut qu'il soit au bureau à 10h ce matin pour faire un rapport à son patron. Heureusement que son avion est arrivé à l'heure et qu'il n'est que 8h. Hier il était encore à Moscou; c'est vraiment drôle de voyager d'un continent à l'autre en si peu de temps. Bon, il faut trouver un taxi tout de suite. Le patron l'attend sûrement impatiemment et Eric n'est presque jamais en retard. Il est très consciencieux. Lundi prochain Eric va retourner en Russie et rester pendant tout un mois.

1. Quand est-ce qu'Eric était en Russie? _____

2. Quand est-ce qu'Eric va aller à son travail? _____

3. Quand est-ce qu'Eric va prendre un taxi? _____

4. Quand est-ce qu'Eric va en Russie? _____

5. Quand est-ce qu'Eric est arrivé à l'aéroport? _____

6. Quand est-ce qu'Eric est en retard au travail? _____

7. Quand est-ce qu'Eric montre qu'il est consciencieux? _____

8. Pendant combien de temps est-ce qu'Eric va rester en Russie la prochaine fois? _____

Où? (Where?)

Many adverbs tell us where something is, was, or will be done. Here are a few of these adverbs.

ailleurs	*elsewhere*
dedans	*in it*
dehors	*outside*
au-dessous, dessous	*under it*
au-dessus, dessus	*on it*
ici	*here*
là	*there*
loin	*far*
partout	*everywhere*
quelque part	*somewhere*

Tu ne vas pas le trouver là.	*You are not going to find it there.*
Tu as regardé dedans?	*Did you look inside?*
Non, pas ici.	*No, not here.*
Bon! Il faut regarder partout.	*Good! We have to look everywhere.*
On le trouvera bien quelque part.	*We will end up finding it somewhere.*

EXERCICE 23·3

Où est le pull d'Alex? Where is Alex's sweater? *In the following paragraph, insert the appropriate adverb from the list to give meaning to the passage.*

dessous	quelque part	dessus	partout	dehors	loin

1. Dis, Maman, tu as vu mon pull de hockey _____?

2. Non, Alex, j'ai regardé _____. Je ne le trouve pas.

3. Maman, je ne peux pas aller _____ sans ce pull.

4. Mais pourquoi, Alex ? Tu n'as pas de match aujourd'hui et on habite _____ du terrain de hockey. Tes amis ne peuvent pas te voir.

5. Oh regarde, Maman! Il était là, au-_____ de mon manteau.

6. Ah le voilà! Eh bien, mets ton pull et mets aussi ton manteau par _____. Il fait froid.

Combien? (How much? How many?)

Many adverbs answer the question **Combien?** Here are a few of those adverbs.

assez	*enough, pretty + adjective*
autant	*as much, as many*
beaucoup	*a lot, much, many*
davantage	*more*
peu	*little, few*
un peu	*a little*
suffisamment	*enough*
tant	*so much, so many*

tellement	*so much, so many*
trop	*too much, too many*

Vous avez fait trop de fautes.	*You made too many mistakes.*
Il a appris autant de nouveaux mots que moi.	*He learned as many new words as I.*
Combien de lait veux-tu? Un peu.	*How much milk do you want? A little.*
Nous avons gagné suffisamment d'argent.	*We earned enough money.*
J'ai tellement froid.	*I am so cold.*

EXERCICE
23·4

Frère et sœur: nous ressemblons-nous? **Brother and sister: are we alike?** *Read the following paragraphs. Then write* **V** *for* **vrai** *or* **F** *for* **faux** *next to each numbered statement.*

Moi, j'ai des dizaines d'amis. Ils jouent un très grand rôle dans ma vie. Quand j'ai un petit chagrin parce que mes parents me réprimandent, ils me consolent. Ils me font rire et nous jouons un ou deux matchs de foot. Après ça va mieux. C'est vrai que je fais souvent des petites bêtises.

Ma sœur est différente de moi. Elle a seulement deux meilleures amies. Elles sont toujours ensemble, ces trois-là. Ma sœur ne fait jamais rien de mal; alors Maman et Papa ne la réprimandent presque jamais. Mais je l'aime autant que mes amis car elle est très gentille.

_____ 1. J'ai beaucoup d'amis.

_____ 2. Je fais trop de bêtises.

_____ 3. Ma sœur fait davantage de bêtises que moi.

_____ 4. Ma sœur est moins réprimandée que moi.

_____ 5. Le rôle de mes amis est un peu important dans ma vie.

_____ 6. Ma sœur me ressemble tellement.

_____ 7. Ma sœur a autant d'amis que moi.

_____ 8. J'aime ma sœur mais moins que mes amis.

Les adverbes qui modifient d'autres adverbes (Adverbs that modify other adverbs)

Some adverbs can be used before other adverbs or before adjectives. In the following examples, note how **assez** modifies the adjective **grand** and note how **si** modifies the adverb **gentiment**.

Il est **assez** grand pour son âge.	*He is quite tall for his age.*
Tu parlais **si** gentiment.	*You spoke so nicely.*

Here are some adverbs that can be used to modify adjectives or other adverbs.

assez	*enough, quite*
aussi	*also, as*
bien	*well*

extrêmement	*extremely*
fort	*very*
moins	*less*
plus	*more*
tellement	*so much*
très	*very*

Ils sont partis très vite.	*They left very fast.*
Elle a accepté fort gentiment.	*She accepted very nicely.*
Il fallait partir aussi tôt que ça?	*Did we have to leave as early as that?*
Elle parlait extrêmement fort.	*She was speaking extremely loud.*

EXERCICE

23·5

Confidences. Confidences. *Insert the appropriate adverb from the list that will give meaning to each sentence.*

moins   tellement   si   aussi   très

1. Ma journée est généralement _____ occupée car je fais beaucoup de choses.

2. C'est tout _____ bien comme ça. Je n'aime pas m'ennuyer.

3. Je suis _____ contente quand arrive le soir.

4. Mon week-end est _____ occupé que les jours de semaine; je reste à la maison ou je me promène.

5. C'est _____ agréable de pouvoir faire ce qu'on veut.

Adverbial structures

In this unit you will learn how to derive an adverb from an adjective, and you will become familiar with some adverbial phrases and structures such as comparisons. These will enrich your sentences by adding details and nuances to how actions are performed.

De l'adjectif à l'adverbe (From adjective to adverb)

In English many adverbs end in the suffix -*ly* (i.e., *slowly*). In French many adverbs end in -**ment**. These adverbs are formed by adding the suffix -**ment** to the *feminine* form of the corresponding adjective.

Cette soirée est agréable.	*This evening is pleasant.*
Je passe le temps **agréablement**.	*I am spending time **pleasantly**.*

For adjectives ending in a vowel other than a silent -**e**, the corresponding adverb is formed by adding the suffix -**ment** to the *masculine* form of the adjective.

Il est poli.	*He is polite.*
Il parle **poliment**.	*He speaks **politely**.*

For adjectives ending in -**ent** or -**ant**, the corresponding adverb is obtained by dropping -**nt** and adding -**mment**.

Il est pati**ent**.	*He is patient.*
Il attend **patiemment**.	*He waits **patiently**.*
Il est éléga**nt**.	*He is elegant.*
Il s'habille **élégamment**.	*He dresses **elegantly**.*

There are some exceptions to the preceding rules of adverb formation. For example, the feminine forms of the adjectives **énorme**, **précis**, and **profond** take an **accent aigu** over the -**e** before adding -**ment**.

Il mange un repas **énorme**.	*He eats an enormous meal.*
Il mange **énormément**.	*He eats **enormously** (an awful lot).*
Donne-moi l'heure **précise**!	*Give me the exact time!*
Tu veux ceci? **Précisément**!	*You want this? **Precisely**!*

Savez-vous former l'adverbe? **Do you know how to form the adverb?** *Complete each sentence by forming the appropriate adverb related to the adjective in italics.*

1. La princesse Diana était toujours *élégante*. Elle s'habillait _____.

2. Ces enfants sont *polis*. Ils parlent _____ à leurs parents.

3. Ce professeur est *patient*. Il considère _____ les problèmes des élèves.

4. Ce politicien est *intelligent*. Il répond _____ à toutes les questions du journaliste.

5. Ma voix est *claire*. Je parle _____.

6. J'ai des sentiments *profonds*. J'aime _____.

7. Je suis *ferme*. Je donne _____ mes instructions.

8. La discussion a été *longue*. Le patron a _____ insisté qu'il fallait faire des progrès.

9. Cette décision a été *difficile*. Il a _____ accepté.

10. Ce qu'elle dit est *vrai*. Elle est _____ astronaute.

Les locutions *adverbiales* (Adverbial phrases)

Adverbs are not always single words; they may be compound phrases such as **tout de suite** (*right away*). The following adverbial phrases are commonly used in French.

à peine	*hardly*
en vain	*in vain*
par conséquence	*consequently*
par exemple	*for example*
peut-être (que)	*maybe*
sans doute	*without a doubt*
tant mieux	*so much the better*
tant pis	*too bad*
tout à coup	*all of a sudden*
tout à fait	*entirely*
tout à l'heure	*in a while*
tout d'abord	*first of all*
tout de même	*all the same, anyway*
tout de suite	*right away*

Il fait mauvais temps. Tant pis!	*The weather is bad. Too bad!*
On va tout de même au parc?	*Are we going to the park anyway?*
Il touche à peine son pain.	*He hardly touches his bread.*

In the following sentences, note that the phrase **peut-être** is accompanied by the conjunction **que** when it is at the beginning of the sentence.

Peut-être qu'il est malade.	*He may be sick.*
Il n'a peut-être pas faim.	*He may not be hungry.*

La cigale et la fourmi. The cicada and the ant. *Translate into English the highlighted adverbial phrases in this prose version of a famous poetic fable.*

Une fourmi avait travaillé tout l'été alors que la cigale, sa voisine, n'avait que dansé et chanté. Les premiers jours d'hiver étaient (1) **à peine** arrivés que la cigale s'est trouvée affamée. (2)**Tout d'abord** elle a pensé que la fourmi l'aiderait et qu'elle lui donnerait quelque chose à manger. Mais la fourmi a (3) **tout de suite** déclaré qu'elle ne voulait rien lui donner. La cigale l'a suppliée mais (4) **en vain**. Finalement la cigale a dit : «(5) **Tant pis**! Je vais mourir de faim. C'est (6) **tout à fait** ma faute. Mais (7) **tout de même** elle est cruelle, la fourmi». (8) **Tout d'un coup** elle a vu la fourmi ouvrir la porte et lui jeter quelques grains de blé. La fourmi a (9) **sans doute** eu pitié de la pauvre cigale. Tout est bien qui finit bien. (10) **Tant mieux**, n'est-ce pas?

An ant had worked all summer long while the cicada, her neighbor, had done nothing but dance and sing. The first days of winter had (1) _____ begun when the cicada found herself famished. (2) _____ she thought that the ant would help her and give her something to eat. But the ant declared (3) _____ that she would not give her anything. The cicada begged her but (4) _____. Finally the cicada said: "(5) _____! I am going to die. It is (6) _____ my fault. But (7) _____ this ant is cruel!" (8) _____ she saw the ant open the door and throw her a few grains of wheat. The ant (9) _____ took pity on the poor cicada. All is well that ends well. (10) _____, don't you think?

Les structures comparatives et superlatives (Comparative and superlative structures)

We often compare how various people perform activities and how things happen differently (i.e., more or less often than . . .); these structures are called comparative. We sometimes single out one person or one thing as performing the *best*, the *worst*, or the *most*; these structures are called superlative.

Adverbs are found in comparative structures using the phrases **aussi... que**, **plus... que**, **moins... que**. In the following examples, note how the two components of the comparative phrases are placed before and after the adverb.

Je parle **aussi** bien **que** toi.	*I speak as well as you.*
Je parle **plus** fréquemment **que** toi.	*I speak more frequently than you.*
Je parle **moins** vite **que** toi.	*I do not speak as fast as you.*

Adverbs can also be found in superlative structures using the phrases **le plus** and **le moins**. In the following examples, note how those phrases are placed before the adverb.

Il conduit **le plus** vite.	*He drives the fastest.*
Il répond **le moins** souvent.	*He answers the least often.*

Beware of the irregular adverb **mieux**, which means *better* or *best*. Do not confuse it with the adjective **meilleur**, which also means *better* or *best*. In the following examples, note how the adverb **mieux** modifies the meaning of the verb **danse**.

Elle danse **mieux que** moi.	*She dances better than me.*
Elle danse **le mieux**.	*She dances the best.*

In the following example, note how the adjective **meilleur** describes the noun **gâteau**.

C'est le **meilleur** gâteau.   *This is the best cake.*

EXERCICE
24·3

***My best friend.* Ma meilleure amie.** *Complete each sentence with the appropriate word from the list.*

plus   moins   le mieux   meilleure   aussi

1. C'est ma _____ amie.

2. C'est avec elle que je m'entends _____.

3. Je la connais depuis _____ longtemps que toutes mes autres amies.

4. J'ai _____ de stress dans ma vie depuis que je l'ai dans ma vie.

5. Elle est _____ soucieuse de vivre en harmonie avec tout le monde que moi. Nous avons beaucoup en commun.

6. C'est elle qui me comprend _____.

Vocabulary for Technology

French in the twenty-first century

·25·

In this unit you will practice vocabulary on topics related to information technologies and how they affect individuals, society, and the world. As use of cell phones, iPods, iPads, search engines such as Google, Yahoo, and Internet Explorer, as well as YouTube, Wikipedia, and social networks become a common reality for so many, new, essential vocabulary develops. You will notice that English terms, or terms derived from English words, are often used to name new technologies in French.

Because a living language is dynamic and constantly changing, note that not all the new technology words emerging in magazines, on websites, and in everyday use have made it into print dictionaries.

Les technologies de l'information et de la communication (Information and communication technologies)

Ever-increasing numbers of people with access to the Internet navigate it for personal and work use. In addition, new uses for the Internet are constantly emerging.

l'abonné(e) (m./f.)	subscriber
l'accès (libre) (m.)	(free) access
l'accès aux bases de données	access to databases
le chercheur, la chercheuse	user/researcher/searcher
la conversation en direct	direct conversation
le dictionnaire en ligne	online dictionary
le dictionnaire numérique	online dictionary
le diffuseur	broadcaster
le dossier	folder
l'espace web (m.)	web space
le fichier	file
le forfait mensuel	(monthly) subscription fee
le fossé numérique	digital divide
l'inscription par e-mail/mèl/courriel (f.)	registration by e-mail
Internet (m.)	Internet
l'iPad (m.)	iPad
l'iPod (m.)	iPod
la librairie en ligne	online bookstore
le logiciel	software
le moteur de recherche	search engine

la page d'accueil	*home page*
le podcast/le balado	*podcast*
le podcaster/le baladodiffuseur	*podcaster*
le podcasting/la baladodiffusion	*podcasting*
la requête	*request, search*
le réseau mondial	*World Wide Web*
le service sans fil	*wireless (service)*
le site web	*website*
le téléchargement	*uploading/downloading*
la téléconférence (vidéo/audio)	*teleconference*
l'utilisateur, l'utilisatrice (m./f.)	*user*

Whereas in Europe the English terms *podcast, podcaster,* and *podcasting* are more frequently used, in Canada the following terms are preferred: **baladodiffusion audio/vidéo/radio** (*audio/video/radio podcasting*). Abbreviated versions of the Canadian terms also exist: **balado audio/vidéo/radio/photo**.

There are several terms and spellings for the term *e-mail* in the French-speaking world. In France, the terms **e-mail** and **mél** are favored, whereas in Canada **courriel** is preferred.

Une des missions des Nations Unies est de réduire **le fossé numérique** dans les pays en voie de développement.	*One of the missions of the United Nations is to reduce the digital divide in developing countries.*
Grâce à mon **iPad**, j'ai **accès aux bases de données** de mon site universitaire à tout moment.	*Thanks to my iPad, I have access to the university's databases at any time.*
Je consulte Wikipedia pour obtenir un renseignement rapide sur l'histoire de France. Le service est gratuit, mais ils veulent bien accepter des dons.	*I check Wikipedia to get a quick fact about French history. The service is free, but they are happy to accept donations.*
Mon professeur nous donne accès à des **fichiers** sur son **espace web** universitaire.	*My professor gives us access to files on his university website.*
Mes camarades de classe et moi créons des **podcasts** vidéo et nous les diffusons sur YouTube.	*My classmates and I create video podcasts and we broadcast them on YouTube.*
Aucun résultat ne correspond à votre **requête**.	*No result corresponds to your search.*

EXERCICE

25·1

Comment vous servez-vous des technologies de l'information? **How do you use information technologies?** *Complete each sentence with the appropriate noun from the list provided.*

fichiers	fossé	baladodiffuseur	sites	utilisateurs
abonnés	requête	téléconférences	données	dictionnaires

1. Il y a des _____ web qui vous procurent des clips vidéo pour vos cours de français.

2. Les _____ de ces sites paient un forfait mensuel.

3. Sur Internet, on trouve des _____ en ligne pour traduire des mots du français en anglais.

4. Sur un iPod, on peut télécharger des _____ audio ou vidéo de partout dans le monde.

5. Le _____ numérique existe malheureusement dans beaucoup de pays africains.

6. Le _____ doit suivre les règles et le protocole de l'Internet.

7. Les étudiants ont libre accès aux bases de _____ sur les sites de leur université.

8. Il faut simplement que les _____ d'un service s'identifient pour avoir accès à la page d'accueil.

9. Pour trouver un livre à acheter, il est facile de faire une _____ à des librairies en ligne.

10. Dans le monde des affaires et dans les cercles académiques, les _____ permettent la conversation en direct.

EXERCICE

25·2

Que savez-vous sur les technologies de l'information? **What do you know about information technologies?** *Show what you know about the information highway by writing* **V** *for* **vrai** *or* **F** *for* **faux** *for each statement.*

_____ 1. L'iPad est automatiquement équipé de certains logiciels.

_____ 2. Le diffuseur d'un podcast sur YouTube doit payer un forfait mensuel.

_____ 3. La baladodiffusion est interdite aux étudiants.

_____ 4. On peut souvent faire son inscription à des services électroniques par courriel.

_____ 5. Le fossé numérique existe surtout en Amérique.

_____ 6. La page d'accueil du site est toujours accessible aux abonnés.

_____ 7. Les étudiants n'envoient jamais de fichiers électroniques à leurs professeurs.

_____ 8. Les requêtes d'un chercheur sont gratuites sur des sites comme Google ou Yahoo.

_____ 9. Les centres d'information des universités offrent généralement accès à l'Internet sans fil.

_____ 10. Le navigateur Internet bloque automatiquement le téléchargement de documents éducatifs.

French in the twenty-first century　**211**

Les instructions sur un site web (Instructions on a website)

When you navigate the Net using French-language functions or when you consult Francophone websites, you will encounter numerous instructions as you proceed. Here are some of them:

Accédez au site!	*Proceed to the site!*
Classez!	*Categorize!/Classify!*
Cliquez!	*Click!*
Créez un mot de passe!	*Create a password!*
Envoyez par mail!	*Send by e-mail!*
Fermez!	*Close!*
Gardez le contact!	*Keep in touch!*
Imprimez!	*Print!*
Inscrivez-vous!	*Sign up!/Register!/Enroll!*
Laissez un commentaire!	*Leave a comment!*
Lancez des recherches!	*Start a search!*
Mettez en réseau!	*Broadcast online!*
Partagez!	*Share!*
Publiez votre message!	*Publish your message!*
Réagissez!	*React!*
Recommandez!	*Recommend!*
Restez connectés!	*Stay connected!*
Tapez votre message!	*Type your message!*
Validez!	*Validate!*

Remember that in French instructions on a website may be expressed with infinitive forms in lieu of imperative forms: for example, **accéder** may replace **accédez**. Here are some verbal expressions that can be used for instructions:

ajouter	*add*
annuler	*cancel*
conserver le contenu	*keep/save the content*
éditer	*edit*
modifier	*modify*
poster le billet	*post the entry*
rechercher	*search*
répondre	*answer*
signaler un abus	*report abuse*
supprimer	*delete*
terminer	*finish*
valider	*validate*

EXERCICE
25·3

Que faire? **What should I do?** *Show that you will know what to do when instructed by matching the French and English instructions.*

_____ 1. Publier   a. Close

_____ 2. Rechercher   b. Cancel

_____ 3. Cliquer   c. Save

_____	4. Ajouter	d.	Search
_____	5. Taper	e.	Delete
_____	6. Fermer	f.	Print
_____	7. Annuler	g.	Click
_____	8. Imprimer	h.	Type
_____	9. Supprimer	i.	Add
_____	10. Conserver	j.	Publish

EXERCICE
25·4

Dans quel ordre? What is the right order? *Write letters **A** through **F** on the lines provided to show in what order you are likely to encounter the following instructions on a website.*

_____ 1. Créez un mot de passe!

_____ 2. Publiez votre message!

_____ 3. Modifiez votre message!

_____ 4. Inscrivez-vous!

_____ 5. Terminez!

_____ 6. Tapez votre message!

Le langage Internet (Internet language)

The Internet serves millions of people all over the world and many websites can be accessed in a variety of languages, whereas others are accessed in the specific language of the broadcaster. To access a Francophone website that does not allow you to change the language, you need some key French vocabulary. Here are some frequently used terms related to the Internet:

l'adresse (f.)	*address*
l'archive (f.)	*archive*
l'arobase (m./f.)	*@ symbol*
la barre latérale	*tool bar*
le champ	*field*
la chronologie	*timeline*
le compte de messagerie	*messaging account*
le/la destinataire	*recipient, receiver*
le fournisseur Internet	*(Internet) service provider*
l'icône d'Internet (f.)	*Internet icon*
l'icône du son	*sound icon*
le livre numérique	*online/electronic book, e-book*

le mot de passe	*password*
le nom (d'utilisateur)	*(user) name*
le nombre de caractères	*number of characters*
les outils (m. pl.)	*tools*
la page d'accueil	*home page*
la police	*font*
la poubelle	*wastebasket/trash/recycle bin*
le prénom	*first name*
le profil	*profile*
le pseudonyme	*pseudonym*
le sujet/le thème	*topic, theme*

Note that the French word for the @ symbol currently has several spellings (**arobase, arobas, arrobas, arobace**) and two pronunciations (with or without the final **s** sound). Although originally masculine, it is also used in the feminine.

Chaque **adresse** électronique comprend un **arobase**.	*Every electronic address includes an arobat.*
Cherche les **outils** sur **la barre latérale**!	*Find the tools on the tool bar!*
Deux des caractères dans **le mot de passe** doivent être des chiffres.	*Two of the characters in the password must be numbers.*
Je lis un **livre numérique** sur mon iPad.	*I'm reading an electronic book on my iPad.*
Écrivez votre prénom et votre nom dans les **champs** appropriés!	*Write your first name and your last name in the appropriate fields!*

EXERCICE
25·5

Reconnaissez-vous le langage Internet? **Do you recognize Internet language?** *Write* **V** *for* **vrai** *or* **F** *for* **faux** *for each statement.*

_____ 1. Le nom d'utilisateur ne peut pas être un pseudonyme.

_____ 2. L'icône du son est un haut-parleur (*loudspeaker*).

_____ 3. Google, G-mail et AOL offrent des comptes de messagerie.

_____ 4. Le destinataire d'un message envoie le message.

_____ 5. Tous les mots de passe sont exclusivement des nombres.

_____ 6. Dans une adresse électronique, il y a un arobase.

_____ 7. Microsoft n'offre pas de choix de police aux utilisateurs.

_____ 8. Avant d'envoyer un mél, il faut absolument mettre le sujet du message dans le champ approprié.

_____ 9. Les services d'interaction sociale vous demandent généralement de publier votre profil.

_____ 10. Pour modifier la police, trouvez la barre latérale et les outils.

***Je parle le langage Internet.* I speak the Internet language.** *Complete each sentence with one of the following words.*

| la poubelle | la chronologie | caractères | l'arobase | archives |
| l'icône | fournisseur | numérique | prénom | d'utilisateur |

1. Où est _____ du son? —Là, sur l'écran!

2. Cherche _____ sur ton clavier, en haut à gauche!

3. Tu ne veux pas ce fichier? Mets-le à _____!

4. AOL est un grand _____ Internet.

5. Je veux voir mon document en format chronologique. Où est l'icône pour _____?

6. Cet auteur a publié un livre _____.

7. Pour accéder à ce site, il faut un mot de passe de huit _____.

8. Dans un profil, on met généralement son _____, son nom et son adresse.

9. Ce nom _____ est déjà pris; il faut en choisir un autre.

10. Pour conserver ce dossier, mets-le aux _____!

Les multifonctions d'un téléphone mobile (The many uses of a cell phone)

With the amazing evolution and integration of communication technologies, cell phones have assumed many different functions. In addition to receiving and making phone calls and text messages, they store data, text, pictures, and music; they are equipped with cameras and navigation software, and they can give you access to the Internet. Here are some frequently used terms:

l'accès aux cours de la Bourse (m.)	*access to stock exchange rates*
l'achat de billets (m.)	*ticket purchase*
les actualités presses (f. pl.)	*news releases*
l'appel téléphonique (m.)	*phone call*
l'application (f.)	*application/app*
le chat	*chat*
le clavier (virtuel)	*(virtual) keyboard*
la dépêche	*flash news/update*
l'envoi de messages (m.)	*messaging*
les horaires des séances de cinéma (m. pl.)	*movie schedules*
les horaires de transport	*transportation schedules*
l'innovation (f.)	*innovation*
les journaux télévisés (m. pl.)	*televised news*
le lien avec...	*link with . . .*

la liste de lectures	*playlist*
la messagerie (instantanée)	*instant messaging/IM*
l'ordiphone (m.)	*smartphone*
le partage de documents	*document sharing*
la photographie, la photo	*photography, photo/photograph*
la réception de messages	*message reception/receiving*
le service météo	*weather report*
le système de navigation	*navigation (GPS) system*
le téléphone mobile/cellulaire/portable	*cell phone*
le texting	*texting*
la touche virtuelle	*virtual key*
l'usage (m.)	*use*

Ma sœur m'envoie des **photos** électroniquement par son **ordiphone**.	*My sister sends me pictures electronically with her smartphone.*
Cherche **les horaires** de bus!	*Look for the bus schedules!*
Où est ce restaurant? Demande à ton **ordiphone**!	*Where is this restaurant? Ask your smartphone!*
Quelles sont les chansons les plus récentes dans ta **liste de lectures**?	*What are the most recent songs in your playlist?*
Il y a **une dépêche** sur la grève à Paris!	*There is flash news/a news update about the strike in Paris!*

EXERCICE
25·7

Que peut-on faire avec un ordiphone? What can you do with a smartphone?
Complete each sentence with a word from the following list.

innovation	chat	lectures	billets
virtuel	touche	photographie	applications

1. Un ordiphone est équipé d'_____ pour avoir accès à toutes sortes de services comme la messagerie.

2. L'ordiphone est une _____ du vingt et unième siècle.

3. Un ordiphone a un clavier _____.

4. L'ordiphone permet le _____ en ligne.

5. L'utilisateur de l'ordiphone peut acheter des _____ de cinéma en ligne.

6. Beaucoup d'utilisateurs de l'ordiphone ont une liste de _____ qui leur permet d'écouter leur musique.

7. La _____ est une autre application importante de l'ordiphone: elle permet de prendre et d'envoyer des photos.

8. La _____ virtuelle permet de passer d'une photo à l'autre ou d'une application à l'autre.

Que peut-on et que ne peut-on PAS faire avec un ordiphone? What can you do and NOT do with a smartphone? *Write **V** for **vrai** or **F** for **faux** for each statement.*

_____ 1. On peut avoir des renseignements sur la météo.

_____ 2. On peut envoyer des messages et des photos à des amis.

_____ 3. On peut regarder les journaux télévisés.

_____ 4. On peut imprimer un document.

_____ 5. On peut faire des appels téléphoniques pendant le trajet en avion.

_____ 6. On peut regarder un film dans la salle d'attente de l'aéroport.

_____ 7. On peut naviguer sur Internet.

_____ 8. On peut trouver une adresse et des directions.

L'actualité et les nouvelles (Current events and news)

Current events and news broadcasts have been revolutionized by twenty-first-century technologies. Not only can we obtain news reports from major networks and newspapers online, but the Internet and integrated phone technologies make it possible for almost anyone to contribute to the reporting of current events and news by sending pictures or videos directly to television networks and Internet sites.

l'actualité locale (f.)	*local news*
l'actualité nationale	*national news*
le bulletin (mensuel/hebdomadaire)	*(monthly/weekly) newsletter*
la chaîne/la station (de télévision)	*(television) station/channel*
le citoyen (la citoyenne) reporter	*citizen reporter*
le contenu amateur	*amateur content*
le contenu télévisuel	*television content*
la dépêche	*wire/flash news, news update*
le forum (d'idées)	*forum (of ideas)*
l'heure de grande écoute (f.)	*peak viewing/listening hours, prime time*
l'internaute (m./f.)	*Internet user*
le journal en ligne	*online newspaper*
les médias (m. pl.)	*media*
la mise en ligne	*broadcasting*
le partage de documents	*document sharing*
la photo(graphie); la photographie	*photo(graph); photography*
le reportage (non-censuré)	*(unedited) report*
la soumission d'un fichier	*file submission*
le témoignage	*testimony*
le témoin	*witness*
la vidéo	*video*

L'actualité locale m'intéresse moins que l'actualité nationale.	Local news interests me less than national news.
Dans le train, je lis le journal en ligne en route pour mon travail.	On the train, I read online news on my way to work.
Le témoin d'un cyclone envoie son film vidéo à la chaîne de télévision.	The witness of a cyclone sends his video film to the TV station.
Le contenu mis en ligne par ce citoyen reporter est excellent.	The material put online by this citizen reporter is excellent.
J'ai créé ce site web pour y poster un forum d'idées.	I created this website to post a forum of ideas (on it).

EXERCICE 25·9

Les actualités. Current events. *Complete each sentence with a word from the following list.*

en ligne   reporter   témoins   bulletins   reportages   heures   fichier   partages

1. Un _____ audiovisuel est parfois accepté et mis en ligne par une chaîne de télévision.

2. Le témoignage d'un citoyen _____ peut être précieux s'il est authentique et validé.

3. Les médias invitent les _____ d'un accident à faire soumission de documents audiovisuels.

4. Les internautes font souvent des _____ de documents comme les podcasts et les photos.

5. Des groupes d'internautes se forment pour publier des _____ mensuels sur un sujet particulier.

6. Aux _____ de grande écoute, toutes les chaînes de télévision et les stations de radio diffusent des dépêches.

7. Sur Internet, on peut voir des _____ non-censurés.

8. Les photos du mariage du prince William ont été rapidement mises _____.

EXERCICE 25·10

Quelle est la définition? What is the definition? *Identify the definition of each phrase and write the corresponding letter on the line provided.*

_____ 1. une nouvelle récente   a. le partage

_____ 2. ce qui se passe dans la région   b. l'internaute

_____ 3. en ligne   c. les médias

_____ 4. chaque mois   d. amateur

_____ 5. celui/celle qui navigue sur Internet   e. l'actualité locale

_____ 6. non-professionnel   f. sur Internet

_____ 7. la télévision, les journaux, la presse   g. mensuel

_____ 8. l'acte de donner et de recevoir   h. la dépêche

La technologie et les médias sociaux (Technology and social media)

Terms related to social media are as new as the technologies from which they originate. To invite you to venture into the world of Francophone social media, we have gathered some frequently used terms encountered in Francophone magazine and newspaper articles as well as on websites and blogs.

Nouns

l'activité ludique (f.)	*fun (gamelike) activity*
le billet/la note/l'article (m.)	*note (on a blog)*
le blog/le blogue	*blog*
le blogueur, la blogueuse	*blogger*
le commentaire	*comment*
la connaissance	*knowledge*
la conversation	*conversation*
la création	*creation*
le dialogue	*dialogue*
l'esprit de collaboration (m.)	*collaborative spirit*
le groupe	*group*
l'hyperlien (m.)	*hyperlink*
l'individu (m.)	*individual*
l'intelligence collective (f.)	*collective intelligence*
l'interaction sociale (f.)	*social networking*
la mise en page	*the page layout*
la modification	*modification*
le multimédia	*multimedia*
l'organisation (f.)	*organization*
le postage	*posting*
le renseignement	*(piece of) information*

Pour certains **blogueurs**, **le blog** est un journal intime.	*For certain bloggers, the blog is a diary.*
Pour d'autres **individus**, **le blog** est un lieu de rencontre virtuel.	*For other individuals, the blog is a virtual meeting place.*
Le créateur d'un blog peut proposer un sujet de discussion et donner des **renseignements** à ce sujet.	*The creator of a blog can propose a topic for discussion and give information on that topic.*
Certains blogueurs postent **des billets** à longueur de journée. Ils sont en ordre chronologique.	*Some bloggers post notes all day long. They are in chronological order.*
Les blogues permettent à **l'intelligence collective** de résoudre des problèmes ou d'organiser des activités.	*Blogs allow the collective intelligence to solve problems and organize activities.*

Verbs

ajouter	*to add*
avertir	*to warn*
bloguer	*to blog*
créer	*to create*
demander conseil	*to ask for advice*
divertir	*to entertain*
donner conseil	*to give advice*
évoquer un problème	*to bring up a problem*
exposer un sujet	*to expose a topic*
interagir	*to interact*
modifier	*to modify*
poster	*to post*
publier	*to publish*
renseigner	*to inform*
résoudre un problème	*to solve a problem*
s'exprimer	*to express oneself*

Les médias sociaux sont très populaires car **ils divertissent** les participants.

Social media are very popular because they entertain participants.

Sur un blog, on peut partager ses connaissances et **résoudre des problèmes**.

On a blog, we can share our knowledge and solve problems.

Un individu peut **demander conseil** à des milliers de gens.

An individual can ask the advice of thousands of people.

J'aime **interagir** avec beaucoup de gens pour résoudre des problèmes.

I like interacting with a lot of people in order to solve problems.

Les services d'interaction sociale Facebook et Twitter permettent d'**évoquer des problèmes**.

The social network sites Facebook and Twitter allow us to bring up issues.

EXERCICE

25·11

***Que savez-vous?* What do you know?** *Write **V** for **vrai** or **F** for **faux** for each statement.*

_____ 1. Un site d'interaction sociale permet à l'individu de rester en contact avec d'anciens et de nouveaux amis.

_____ 2. Sur un site d'interaction sociale, les gens peuvent s'exprimer librement.

_____ 3. On peut poster seulement un message par jour sur un site comme Twitter.

_____ 4. Sur un site comme Facebook, on peut avoir des conversations avec beaucoup d'amis tous les jours.

_____ 5. Un blog est créé exclusivement pour demander conseil.

_____ 6. Le postage d'un article n'est pas permis sur un blog.

_____ 7. La mise en page d'un blog peut être enrichie avec des photos et des hyperliens.

_____ 8. L'internaute qui visite un blog peut généralement modifier la mise en page du blog.

_____ 9. Beaucoup de créateurs de blogues permettent que les visiteurs laissent des commentaires.

_____ 10. Les billets qu'on ajoute à un blog ne sont pas en ordre chronologique.

EXERCICE

25·12

Les sites d'interaction sociale. **Social networking sites.** *Write the letter of the appropriate completion for each blank space.*

a. photos   b. sociaux   c. sites   d. profil   e. virtuelle

Les réseaux (1) _____ sont des (2) _____ Internet. Ils forment une

communauté (3) _____ pour des individus qui ont des intérêts en commun. Les

membres d'un site doivent créer un (4) _____. Alors ils peuvent se connecter avec

les autres membres par des courriels, des (5) _____ et des activités en ligne.

Answer key

1 Life and living

1-1   1. d   2. l   3. i   4. c   5. g   6. e   7. f   8. h   9. j   10. b   11. a   12. k

1-2   1. la veuve   2. l'homme   3. la jeune fille   4. l'épouse   5. le garçon   6. la mariée   7. la femme   8. la célibataire   9. l'adolescente   10. l'adulte (m.)

1-3   1. F   2. V   3. V   4. F   5. F   6. F   7. V   8. V   9. F   10. F

1-4   *Answers may vary.*   1. c   2. b   3. h   4. d   5. i   6. k   7. e   8. f   9. g   10. j   11. l   12. a

1-5   *Answers may vary.*   1. e, k, *or* d   2. f   3. h   4. a   5. b   6. i, k, *or* e   7. a, d, *or* e   8. j   9. g   10. d *or* e   11. c   12. d, e, i, *or* k

2 People

2-1   1. jumeau   2. maman   3. tante   4. grand-père   5. femme   6. belle-mère   7. grand-père   8. fils   9. arrière-grand-père   10. ami *or* amoureux *or* amant   11. camarades   12. ami   13. amoureux *or* ami *or* amant   14. collègues *or* amis   15. cousins *or* cousines

2-2   1. bronzée   2. musclés   3. roux   4. rousse   5. cariées   6. bleus   7. pâle   8. rouges   9. noirs   10. raides   11. petites   12. fins

2-3   *Answers may vary. Suggested answers are given.*   1. la joie   2. la peur   3. l'affection   4. la tristesse   5. la gratitude   6. la fierté   7. la jalousie   8. la surprise   9. le dégoût   10. l'anxiété   11. l'amour   12. la compassion   13. la déception   14. le désespoir   15. le bonheur

2-4   1. la joie *or* le bonheur   2. la fierté   3. la paresse   4. l'idéalisme   5. l'imprudence   6. l'ingratitude   7. l'agressivité   8. l'avarice   9. l'impatience   10. l'humilité   11. l'innocence   12. la politesse

2-5   1. √   2. —   3. √   4. √   5. √   6. —   7. —   8. —   9. —   10. √   11. √   12. —   13. —   14. —   15. √

2-6   1. b   2. k   3. e   4. l   5. j   6. n   7. g   8. h   9. o   10. c   11. d   12. a   13. m   14. f   15. i

2-7   1. psychiatre *or* psychologue   2. opticienne   3. comédien   4. peintre   5. avocat   6. institutrice   7. journaliste   8. compositeur   9. vétérinaire   10. pharmacienne   11. danseuse   12. dramaturge

2-8   1. V   2. V   3. F   4. F   5. V   6. F   7. F   8. F   9. F   10. V   11. V   12. F   13. F   14. F   15. F

2-9   1. l   2. o   3. i   4. e   5. m   6. j   7. k   8. n   9. c   10. f   11. g   12. a   13. d   14. h   15. b

3 Animals and nature

3-1   1. la vache   2. la poule   3. la jument   4. la chienne   5. la truie   6. la chatte   7. la chèvre   8. la dinde   9. l'ânesse   10. la brebis

3-2   1. L   2. F   3. F   4. L   5. F   6. M   7. L   8. L *or* M   9. L   10. L   11. L   12. L *or* M   13. F *or* L   14. L   15. L *or* M

3-3	1. le champ, le pré, la prairie 2. la rivière, la mer, l'océan, l'étang, le récif de corail 3. la cour, le poulailler 4. le clapier, la prairie, le champ, la forêt, le bois 5. la mer, l'océan 6. la savane, la jungle, le zoo 7. la forêt, la prairie, le bois 8. la forêt, la prairie, le bois 9. le marécage, le lac, la rivière, l'étang 10. le champ, le pré, la prairie
3-4	1. étoiles 2. air 3. galaxies, univers 4. L'air 5. pesanteur 6. filante 7. galaxie 8. solaire 9. orbites 10. satellite
3-5	1. le glacier 2. le continent 3. la plage 4. le désert 5. le quai 6. le col
3-6	1. la vague 2. la mer 3. la rivière 4. le ruisseau 5. le canal 6. l'embouchure 7. l'étang 8. la fontaine
3-7	1. polaire 2. tempéré 3. printemps 4. tropical 5. méditerranéen 6. hiver 7. été 8. automne 9. climat 10. L'été, L'automne, L'hiver, or Le printemps
3-8	1. d 2. c, f, or h 3. a, b, or c 4. i 5. a, c, or e 6. j 7. f or c 8. h 9. g or j 10. f or h
3-9	1. le gaz naturel 2. le sodium 3. le soleil 4. l'acier 5. l'eau 6. le cuivre
3-10	1. prune 2. mangue 3. amande 4. pêche 5. pomme 6. banane 7. olive 8. figue
3-11	1. soupe or salade 2. dessert or salade 3. salade 4. salade or soupe 5. dessert 6. salade or soupe 7. soupe or salade 8. salade 9. salade 10. dessert or salade
3-12	1. F 2. F 3. F 4. V 5. F 6. F 7. V 8. V 9. V 10. V
3-13	1. A 2. F 3. A 4. A and F 5. A 6. F 7. F 8. F

4 Places

4-1	1. e 2. h 3. g 4. f 5. a 6. i 7. c 8. b 9. j 10. d
4-2	1. le HLM 2. la roulotte 3. la propriété privée 4. les châteaux 5. la caserne 6. la ferme 7. l'immeuble 8. le chalet 9. le studio 10. le meublé
4-3	*Answers may vary. Suggested answers are given.* 1. a 2. b 3. a 4. a 5. a 6. a 7. a 8. a 9. a 10. a
4-4	1. la faculté de droit 2. le jardin d'enfants 3. le lycée 4. l'internat 5. le laboratoire or le labo 6. le Resto U 7. l'école technique 8. l'amphithéâtre 9. la faculté de médecine 10. la salle de classe
4-5	1. n'importe quel magasin (any store) 2. la cour de justice or le cabinet juridique 3. le bistrot or le restaurant 4. l'agence de voyages 5. la clinique, l'hôpital, or le cabinet médical 6. la pharmacie or l'hôpital 7. le garage 8. l'agence de location de voiture 9. le salon de coiffure 10. l'usine 11. la ferme 12. le magasin (any store) 13. le cabinet dentaire 14. le studio 15. la cour de justice
4-6	1. la station de sports d'hiver 2. le terrain de camping 3. le bord de mer or la station balnéaire 4. le gîte 5. le parc naturel 6. le bord de mer or la station balnéaire 7. à l'étranger 8. la station thermale 9. le parc d'amusement 10. la station balnéaire
4-7	1. étoiles 2. luxe 3. piscine or mer 4. chambre 5. lit 6. terrasse 7. sauna 8. montagne 9. station 10. salon

5 Leisure

5-1	1. Mardi Gras 2. Pâques 3. le Jour du Travail 4. l'anniversaire de mariage 5. la Saint Valentin 6. la Fête Nationale 7. la Fête des Mères 8. le jour des fiançailles 9. le festival du film 10. le bar mitzvah
5-2	1. à la maison 2. barbecue 3. télévision 4. sortir 5. réservation 6. tenue 7. gourmet 8. à la carte 9. soirée 10. conversation
5-3	1. a 2. a 3. b 4. b 5. a 6. b 7. b 8. a 9. a 10. b 11. b 12. b
5-4	1. le hockey 2. le basket-ball, le handball, or le volley-ball 3. le rugby 4. la marche 5. le patin à roulettes or le roller 6. l'aérobie 7. le football américain 8. le football 9. la gymnastique 10. la musculation 11. la pétanque or le bowling 12. le tennis
5-5	1. E 2. E 3. G 4. E, G 5. G, N 6. E

6 Shopping

6-1	1. a 2. a 3. a 4. b 5. b 6. b
6-2	1. c 2. e 3. d 4. h 5. b 6. f 7. a 8. g

6-3	*Answers may vary. Suggested answers are given.* 1. non 2. oui 3. oui 4. oui 5. oui 6. non 7. non 8. non 9. non 10. non 11. non 12. oui 13. oui 14. oui 15. non
6-4	*Answers may vary. Suggested answers are given.* 1. √ 2. √ 3. √ 4. — 5. √ 6. — 7. √ 8. √ 9. — 10. √
6-5	1. a 2. a 3. b 4. a 5. b 6. a 7. b 8. b 9. b 10. b
6-6	1. a 2. b 3. b 4. b 5. a 6. b 7. b 8. a 9. a 10. a
6-7	1. E 2. BP 3. BP 4. BC 5. E 6. BP 7. BC 8. BC
6-8	*Answers may vary. Suggested answers are given* 1. √ 2. √ 3. — 4. √ 5. √ 6. — 7. — 8. √ 9. √ 10. √ 11. √ 12. √ 13. √ 14. — 15. √
6-9	1. a 2. a 3. c 4. c 5. b 6. c 7. a 8. b 9. c 10. b

7 Travel

7-1	1. l 2. d 3. i 4. e 5. b 6. h 7. a 8. c 9. f 10. j 11. g 12. k
7-2	1. vélo 2. visa 3. bateau 4. métro 5. train 6. euros 7. passeport 8. hors-taxe
7-3	1. f 2. e 3. j 4. k 5. o 6. d 7. m 8. q 9. b 10. t 11. c 12. p 13. l 14. n 15. s 16. g 17. r 18. a 19. h 20. i
7-4	1. à l'heure 2. surclassement 3. bagages 4. étiquette 5. bagage à main 6. itinéraire 7. escale 8. affaires 9. d'attente 10. porte d'embarquement
7-5	1. f 2. j 3. a 4. i 5. d 6. h 7. b 8. g 9. c 10. e
7-6	1. aéroport 2. enregistrement 3. bagage à main 4. sécurité 5. carte d'embarquement 6. la porte 7. d'attente 8. tarif 9. l'avant 10. repas 11. plat 12. somme 13. sortie 14. la navette 15. incident
7-7	1. B 2. B 3. T 4. B *or* T 5. B 6. T 7. T 8. T 9. B 10. B 11. B 12. B

8 Communication

8-1	*Answers may vary. Suggested answers are given.* 1. e 2. a *or* b 3. d 4. e 5. e 6. c 7. d 8. a, b, *or* d 9. c 10. e
8-2	1. c 2. e 3. f 4. d 5. a 6. g 7. b 8. h
8-3	1. salutations distinguées 2. le service prioritaire d'envoi 3. le timbre 4. la livraison 5. un mandat de paiement 6. un avis de réception 7. dans la boîte à lettres 8. l'affranchissement 9. l'employé(e) de poste 10. Non, moins rapide.
8-4	1. télécharger 2. virus 3. mémoire 4. souris 5. vidéo 6. visioconférences 7. sans fils 8. interactif
8-5	1. D/T 2. D 3. D/T 4. D/T 5. D 6. T 7. D/T 8. D/T 9. D/T 10. D/T
8-6	1. un lecteur de DVD 2. un lecteur de CD 3. un téléphone *or* un portable 4. une photocopieuse 5. une télécopieuse 6. une prise chargeur 7. un microphone 8. l'accès 9. un mot de passe 10. l'afficheur
8-7	1. la météo(rologie) 2. l'art de vivre 3. les nouvelles internationales 4. la politique 5. la nécrologie 6. petite annonce 7. la bourse 8. l'horoscope 9. la mode 10. les mots croisés
8-8	1. pièce 2. amour 3. policier 4. recueil 5. roman 6. version 7. intrigue 8. fables 9. contes 10. style
8-9	1. A 2. S 3. S 4. S 5. A 6. S 7. A 8. A 9. A 10. S

9 Numbers, time, and measures

9-1	1. vingt, 20 2. sept, 7 3. dix-sept, 17 4. quarante-sept, 47 5. quatre-vingt-cinq, 85 6. soixante et onze, 71 7. cent cinquante, 150 8. mille, 1000 9. cent, 100 10. soixante-douze, 72
9-2	1. 74 2. 300 3. 5,000 4. 95 5. 36 6. 48 7. 69 8. 17 9. 13 10. 84 11. 1,050,000 12. 3,000,000,000 13. 131 14. 14,000 15. 52 16. 60th 17. 9th 18. 12th 19. 80th 20. 100th
9-3	1. du matin 2. de l'après-midi 3. midi 4. de l'après-midi 5. du soir 6. du soir 7. de l'après-midi 8. du matin 9. du soir 10. minuit
9-4	1. janvier 2. soir 3. heures 4. automne 5. l'heure 6. décembre 7. dimanche 8. lundi
9-5	1. a 2. b 3. b 4. a 5. b 6. a 7. b 8. a 9. b 10. a 11. b 12. b 13. a 14. b 15. b

10 Gender, number, and position of adjectives

10-1 1. jeune, belge 2. longs, roux 3. verts, brillants 4. large, bleue 5. long, gris 6. jolis, blancs

10-2 1. My aunt is a poor woman who has no husband and no children. 2. She is not a poor woman; she lives in a big, beautiful house. 3. But she is so lonely. 4. So the next time I visit her, I am going to stay a little longer with her. 5. Her birthday is the same day as mine; so we are going to celebrate it together.

10-3 1. nouvelle amie 2. belle 3. aimable 4. les yeux bleus 5. les cheveux blonds 6. vieux pull 7. vieilles chaussures 8. petite, mignonne

11 Structural adjectives

11-1 1. centième 2. cinquantième 3. première 4. quatrième 5. dixième 6. neuvième 7. troisième 8. trente-sixième

11-2 1. leur/notre 2. leurs 3. ma 4. Mes 5. leurs 6. ses 7. sa 8. nos, nos

11-3 1. ce 2. Ce 3. cette 4. cet 5. cet 6. Ce 7. ces 8. Ces

11-4 1. Quel 2. quelle 3. Quel 4. quel 5. Quelle 6. Quelle 7. quelle 8. quel

12 People

12-1 1. américain 2. laotienne 3. vietnamien 4. asiatiques 5. ivoirienne 6. tunisiennes 7. libanais 8. australienne

12-2 1. uruguayen 2. colombiens 3. antillaises 4. haïtienne 5. québécois 6. costaricaine 7. péruviennes 8. martiniquais

12-3 1. iranienne 2. français 3. israélite 4. allemand 5. italien 6. japonais 7. québécoise 8. égyptien 9. sénégalaise 10. tunisien 11. américaine 12. mexicain

12-4 1. f 2. e 3. g 4. h 5. b 6. a 7. c 8. d

12-5 1. F 2. V 3. V 4. V 5. F 6. V 7. V 8. F 9. V 10. V

12-6 1. affectueux 2. autoritaires *or* stricts 3. autoritaires *or* stricts 4. satisfaits 5. indulgents 6. surpris 7. justes 8. fiers

12-7 1. √ 2. √ 3. — 4. — 5. √ 6. √ 7. √ 8. —

12-8 1. √ 2. — 3. √ 4. √ 5. √ 6. — 7. — 8. — 9. √ 10. √

12-9 1. génial 2. réaliste 3. original, créatif, *or* inventif 4. célèbre 5. déchaîné 6. drôle *or* comique

12-10 1. √ 2. — 3. √ 4. √ 5. √ 6. — 7. √ 8. √

13 Health and nutrition

13-1 1. non 2. non 3. oui 4. non 5. oui 6. non 7. oui 8. non 9. oui 10. oui

13-2 1. malade 2. gastriques 3. digestive 4. quotidiennes 5. alimentaire 6. draconien 7. végétales 8. sucrés 9. saturés 10. amincissant

13-3 1. a 2. a 3. b 4. b 5. b 6. b 7. b 8. a 9. a 10. a

14 Animals and nature

14-1 1. dressée 2. obéissante 3. méchante 4. affectueuse 5. rare 6. utile 7. pouponnée 8. traitée 9. soignée 10. gâtée 11. courageuse 12. sauvage 13. affamés *or* assoiffés 14. affamés *or* assoiffés 15. abusés 16. traités 17. protégés 18. heureux

14-2 1. viticole 2. spectaculaire 3. urbain 4. champêtre 5. désertique 6. déboisé 7. maritime 8. lumineux 9. méditerranéen 10. montagneux 11. plat 12. romantique *or* enchanteur

14-3 1. b 2. a 3. b 4. b 5. a 6. a 7. a 8. a

14-4 1. a 2. b 3. b 4. b 5. a 6. b 7. a 8. b 9. b 10. b

14-5 1. d 2. c 3. c 4. c 5. c 6. d

15 Styles, colors, and sensations

15-1   1. g 2. d 3. f 4. a 5. h 6. c 7. b 8. e
15-2   1. a 2. a 3. a 4. b 5. b 6. b 7. a 8. a 9. b 10. a
15-3   *Answers may vary. Suggested answers are given.* 1. f 2. e 3. g 4. h 5. a 6. c 7. d 8. b
15-4   1. h 2. e 3. c 4. a 5. f 6. g 7. b 8. d
15-5   1. c *or* d 2. g 3. e 4. h *or* a 5. c *or* d 6. a 7. b 8. f
15-6   1. f 2. b *or* d 3. e 4. b *or* d 5. c 6. a 7. h 8. g
15-7   1. envieux 2. nostalgique 3. reconnaissant 4. émerveillé 5. inquiet 6. exubérant 7. enragé 8. honteux

16 Home, school, work, and vacation

16-1   1. d 2. c 3. j 4. h 5. k 6. i 7. l 8. e 9. f 10. b 11. g 12. a
16-2   1. e 2. d 3. b 4. a 5. c
16-3   1. d 2. g 3. h 4. a 5. f 6. e 7. b 8. c
16-4   1. c 2. f 3. g 4. a 5. h 6. b 7. e 8. d
16-5   1. b 2. a 3. b 4. b 5. b 6. a 7. b 8. b 9. a 10. b
16-6   1. F 2. V 3. V 4. F 5. V 6. F 7. V 8. V 9. V 10. V

17 Thoughts and feelings

17-1   1. B 2. E 3. C 4. F 5. G 6. H 7. D 8. A
17-2   1. d 2. g 3. j 4. a 5. b 6. h 7. i 8. e 9. c 10. f
17-3   *Answers may vary. Suggested answers are given.* 1. V 2. F 3. V 4. F 5. V 6. V 7. F 8. V 9. V 10. V

18 Communicating, relating, and interacting

18-1   1. annonce 2. appelle 3. s'excuse 4. révise 5. explique 6. discute 7. comprend 8. publie 9. s'abonne
        10. inculque
18-2   1. F 2. B 3. A 4. J 5. E 6. D 7. G 8. H 9. C 10. I
18-3   1. e 2. f 3. h 4. a 5. d 6. g 7. j 8. b 9. i 10. c
18-4   1. aider 2. soulager 3. prendre soin 4. s'occuper 5. offrir 6. divertir 7. plaisanter 8. jouer 9. imiter
        10. consoler
18-5   1. f 2. j 3. g 4. i 5. h 6. a 7. c 8. e 9. b 10. d

19 Home living

19-1   1. loger 2. meubler 3. accrocher 4. ranger 5. clouer 6. peindre 7. aérer 8. nettoyer 9. s'installer
        10. s'habituer
19-2   1. oui 2. non 3. oui 4. non 5. non 6. oui 7. non 8. non

20 Traveling

20-1   1. F 2. F 3. V 4. V 5. F 6. V 7. V 8. F 9. V 10. V
20-2   1. D 2. H 3. F 4. A 5. E 6. C 7. G 8. B

21 Science, health, and technology

21-1   1. s'intéresse 2. fait des expériences 3. recueille 4. observe 5. découvre 6. annonce 7. réussit 8. prouve
        9. partage 10. dirige

21-2	1. F 2. V 3. V 4. F 5. V 6. F 7. F 8. V 9. V 10. F
21-3	1. mal 2. bien 3. bien 4. mal 5. mal 6. bien 7. mal 8. mal
21-4	1. afficher 2. transmettre 3. télécharger 4. communiquer 5. s'abonner 6. gérer 7. simuler 8. perfectionner 9. bloquer 10. initier

22 Entertainment and leisure

22-1	1. F 2. F 3. V 4. V 5. V 6. V 7. F 8. V
22-2	*Answers may vary. Suggested answers are given.* 1. H 2. B 3. E 4. J 5. C 6. F 7. A 8. I 9. D 10. G
22-3	1. danser 2. chanter 3. raconter 4. imiter 5. pleurer 6. amuser 7. organiser 8. faire

23 Adverbs of manner, time, place, and quantity

23-1	1. affectueusement 2. énormément 3. poliment 4. volontiers 5. prudemment 6. subitement 7. agressivement 8. intelligemment 9. résolument 10. cruellement
23-2	1. hier 2. bientôt 3. maintenant 4. souvent 5. tôt 6. rarement 7. toujours 8. longtemps
23-3	1. quelque part 2. partout 3. dehors 4. loin 5. dessous 6. dessus
23-4	1. V 2. V 3. F 4. V 5. F 6. F 7. F 8. F
23-5	1. très 2. aussi 3. si *or* tellement 4. moins 5. si *or* tellement

24 Adverbial structures

24-1	1. élégamment 2. poliment 3. patiemment 4. intelligemment 5. clairement 6. profondément 7. fermement 8. longuement 9. difficilement 10. vraiment
24-2	1. hardly 2. First 3. right away 4. in vain 5. Too bad 6. entirely 7. even so 8. Suddenly 9. without a doubt 10. So much the better
24-3	1. meilleure 2. le mieux 3. plus 4. moins 5. aussi 6. le mieux

25 French in the twenty-first century

25-1	1. sites 2. abonnés 3. dictionnaires 4. fichiers 5. fossé 6. baladodiffuseur 7. données 8. utilisateurs 9. requête 10. téléconférences
25-2	1. V 2. F 3. F 4. V 5. F 6. V 7. F 8. V 9. V 10. F
25-3	1. j 2. d 3. g 4. i 5. h 6. a 7. b 8. f 9. e 10. c
25-4	1. B 2. E 3. D 4. A 5. F 6. C
25-5	1. F 2. V 3. V 4. F 5. F 6. V 7. F 8. F 9. V 10. V
25-6	1. l'icône 2. l'arobase 3. la poubelle 4. fournisseur 5. la chronologie 6. numérique 7. caractères 8. prénom 9. d'utilisateur 10. archives
25-7	1. applications 2. innovation 3. virtuel 4. chat 5. billets 6. lectures 7. photographie 8. touche
25-8	1. V 2. V 3. V 4. F 5. F 6. V 7. V 8. V
25-9	1. fichier 2. reporter 3. témoins 4. partages 5. bulletins 6. heures 7. reportages 8. en ligne
25-10	1. h 2. e 3. f 4. g 5. b 6. d 7. c 8. a
25-11	1. V 2. V 3. F 4. V 5. F 6. F 7. V 8. F 9. V 10. F
25-12	1. b 2. c 3. e 4. d 5. a